图书在版编目（CIP）数据

中国基本盘 / 何丹, 徐鑫著. -- 杭州 : 浙江大学出版社, 2021.6
 ISBN 978-7-308-21238-0

Ⅰ. ①中… Ⅱ. ①何… ②徐… Ⅲ. ①中国经济－经济发展－研究 Ⅳ. ①F124

中国版本图书馆CIP数据核字（2021）第059013号

中国基本盘
何 丹 徐 鑫 著

策　　划	杭州蓝狮子文化创意股份有限公司
责任编辑	黄兆宁
责任校对	陈　欣
封面设计	东合社—安宁
出版发行	浙江大学出版社
	（杭州市天目山路148号　邮政编码　310007）
	（网址：http://www.zjupress.com）
排　　版	杭州林智广告有限公司
印　　刷	杭州钱江彩色印务有限公司
开　　本	880mm×1230mm　1/32
印　　张	8.875
字　　数	175千
版 印 次	2021年6月第1版　2021年6月第1次印刷
书　　号	ISBN 978-7-308-21238-0
定　　价	63.00元

版权所有　翻印必究　　印装差错　负责调换
浙江大学出版社市场运营中心联系方式：0571-88925591；http://zjdxcbs.tmall.com

中国基本盘

何丹 徐鑫 ◎ 著

浙江大学出版社

前　言

　　近代以来的中国史，是中国逐步融入世界，实现工业化、现代化的历史。

　　历史学家唐德刚用"历史的三峡"来解释近代中国从帝制到民治这一惊涛骇浪的大转型。大转型中蕴含着数不清的变化，十年一变，连着二十变，"非两百年以上难见肤功也"。

　　且不论这一理论框架的解释力，从政治、经济到社会生活诸多领域，"变化"的确是近代以来中国历史的核心关键词。

　　从 1840 年到 2020 年新冠疫情暴发，从"数千年未有之变局"到"百年未有之大变局"，中国的政治和经济在激烈震荡中度过了 180 年。历史学家和经济学家们习惯寻找社会和经济运行的规律，并冠以周期之名。对中国人来说，天干地支，六十载一甲子，这是最显性的周期。

　　仿佛是某种巧合，这 180 年的时间也按三甲子被分割为不同的周期。从曾经的 GDP 世界第一到工业文明、信息文明时代的世界第一制造大国，对中国人而言，这三甲子的历史是由一甲子步步沉沦的历史，一甲子奋力抗争的历史和一甲子向着现代化和工业化上下求索的历史构成的。

1840年、1900年、1960年、2020年，每一个新的周期都以庚子年开启。大变之年，起始之年，庚子年涌现出的典型人物、区域发展模式抑或某种时代精神总会成为之后岁月里的精神火种。它是预言，也是序章。

1840年的庚子年，是中国近代史的开端。它开启了晚清名臣李鸿章口中"三千年未有之大变"。

"三千年未有"，变在文明轮替。

1840年，英国人以坚船利炮强硬地叩开了中国的大门，工业文明主导的新兴国家迫不及待带着成果向农业文明下的老牌帝国露出了獠牙。

新兴的工业体系支撑着英国战舰在中国的内河溯流而上。在当时，中国人的炮弹无法击沉铁甲蒸汽战舰，中国人的防御堡垒也无法抵抗英军更远射程的利炮。古老的帝国自此结束了闭关锁国的状态。农业文明时期有着恢宏历史的中国由此将制造业第一的宝座让渡给了完成第一次工业革命的英国。[①]

对中国而言，此后是国运不断探底的60年。国家主权步步沦丧，

---

① 严鹏. 简明中国工业史[M]. 北京：电子工业出版社，2018:34.

中国的门户——洞开，通商口岸在一甲子里激增 10 倍。列强凭陵，等到衰朽的帝国终于在与此前的追随者日本的战争中落败，新一轮的瓜分狂潮降临了。

1900 年，庚子再临。

此次大变，变在国运触底，中国的知识精英主动投身于工业文明浪潮。

这一年对中国而言几乎是近代以来国家和民族命运最危险的时刻。60 年积弊之下，八国联军进入北京城时，京师团练仅 1500 人，半是老弱残兵。从某种程度上说，这是当时中国国力的印证——帝国已弃兵卸甲，日薄西山。

但 1900 年里也蕴藏着生机。此前的几个月里，在南通的乡间农田里，新建的纱厂纺轮已经转动了起来。晚清状元张謇走出书斋，抛弃了官员的顶戴，躬身入局，期望以地方自治和实业发展来拯救国家。

张謇创办的大生纱厂，取名自《易经》，天地之大德曰生——儒家知识分子的底色犹在，但工业实业家的自觉已生。这是新时代开启的预言，作为从旧土壤里生出的新人物，张謇奠定了此后中国工业化的基底——独立自主之路，不甘沉沦之心。

南通毗邻长三角，距上海不到三百里，这是一个离从海上而来的工业文明不近不远的距离。这里既能接触外部世界，又得以形成相对封闭、不被外国资本侵扰的区域环境。从当时的现实境况来看，大生是近代民族资本与列强悍战后为数不多的幸存品，它虽为工业文明之产物，某种程度上却又是顽强的小农经济的表征。它的命运与近代民族工业的大多数参与者一样，在山河破碎、国家主权沦丧的时代悲歌中走向终局。

张謇和此后的民族实业家们的行为，一言以蔽之，属主权沦丧背景下的个体奋进。知其不可为而为之，其中饱含的救亡不屈之心，鼓舞此后百年无数国人踏上自主发展工业之路。而他们命运中的悲剧性，又让国家安全和主权完整的重要性，在此后 60 年时刻萦绕在中国人民心中。

时间进入 1960 年，又到庚子年。

经过一甲子的奋斗，中国人终于建立起了主权独立的国家，独立自主和工业化成为不可偏废的两大主题。这是对此前 60 年的继承和回应。当年春天，在东北松辽盆地上的大庆油田开发，集中体现了中国人独立自主发展工业这一时代主题。

在外部世界环境凶险、起点极低的情况下，不依附策略使得中国的工业化重启既遭遇西方封锁，又面临苏联撤资撤援的困境。石油是工业的血液，在自己的国土上开发大油田，既有利于摆脱对外部石油的依赖，维护国家安全，又能为国内的工业发展奠定基础。大庆油田开发势在必行，但在艰难的外部环境下，大庆的发展又展现了巨大的复杂性。改变产业和国家命运的坚定信念与计划指令的高效，最终演变为对个体的忽视和对其他产业的压抑，此后 60 年，不同的区域发展模式在某种程度上都是对这些特性的扬弃。

发展工业的执着毋庸多言。中国人在一片杳无人烟的荒原上用20年让一座石油城拔地而起，大庆充分展示了从边缘地带跻身生产力中心所必须历经的苦难与激情。正是在强烈的使命感的驱动下，中国石油工业的奠基者们创造了连续27年年产5000万吨石油的开发奇迹。从此，不甘沉沦，不屈从天然地理禀赋，满怀热望改变命运的信念，出现在每一个创变者身上，它们是这一甲子中国区域工业进程中奋斗者们共同的主题。

而对计划经济的态度转变，则攸关中国经济体制变化与发展模式的更迭。

"工业学大庆"是20世纪60年代的风潮。在时局的推动下，以国防和国家安全为考量的区域工业化浪潮应时而兴。中国的西南内陆腹地一大批工业城市如攀枝花、十堰等都借鉴了大庆建设经验。自上而下的国防工业化安排平衡了生产力的空间分布，这是保卫独立自主发展路线的产物，也是计划经济时代独有的现象。

但随着时代的发展，计划指令性经济的弊端也愈加鲜明。到20世纪70年代末，僵化的体制和低下的效率让国民经济逐渐走向崩溃的边缘。对大庆模式所代表的计划经济的扬弃成了20世纪80年代以后中国经济生活的重心。

在东南沿海，在长三角的温州农村和珠三角宝安出海口的滩涂上，新的经济发展模式已萌生。温州的崛起显示了民营经济的活力和效率，浙东的农民在国有经济最薄弱的区域，充分发挥了家庭个体经济的灵活性，成功实现了区域发展的逆袭。

而深圳特区则是渐进式改革的典范。随着国际形势缓和，中国面临的国际环境变化、重新打开的国门和深圳毗邻香港的区位因素，都让引进外部资源成为可能。落后的乡村由此一跃成了经济发展的重镇，东南沿海重新成为国家经济发展的重心。

也正是从这一时期开始，中国走上了"大进大出，两头在外"的外向型经济发展路线。凭借国内丰富的廉价劳动力资源，敢闯敢拼的创变精神和世界制造业从"东亚四小龙"向外转移的历史机遇，中国制造业实现了狂飙猛进式跃升。到 2009 年，中国成为世界第一制造大国。

这是独立自主发展路线和坚定而长期的工业化战略共同达成的胜利。在此之前，中国发展秉承独立自主路线，对外不乏借鉴学习，处于学习工业化阶段；2010 年之后，中国的发展越来越倚重内生动能，在一些领域已开始输出中国经验。

本土创新浪潮以全世界都难以忽视的方式闪耀登场，突出的案例有互联网平台型经济、依托庞大国内市场而诞生的新消费品牌和新商业模式。这些新生事物并非空中楼阁，它们的根系深扎在中国经济数十年积累的成果里，基于特定环境快速成长，也各自面临挑战。

2020 年，又到庚子年，中国又逢"百年未有之大变局"。此次庚子，变在国际力量对比格局，中国发展动力转轨。

新冠疫情和逐渐激化的中美贸易摩擦，让国际局势中的不确定性大增。中美国力差距缩小，守成大国对体系中的潜在挑战者敌意加剧，中美双方在贸易和外交领域的频繁摩擦使得中国发展的国际环境与此前 40 年有极大差异。中国深度参与的全球产业分工链条因此面临断裂风险，高出口和外向型经济拉动的增长也可能难以为继。

正是在外部环境风云变幻之际，中国提出了要构建"以国内大循环为主体，国内国际双循环相互促进"的新发展格局。新发展格局意味着产业分布、城市格局洗牌在即，从出口、内需和基础设施投资层面的生产力分布将开启新一轮板块运动。

创变者们并未止步，他们的视线与布局早已跳出了行政区域范畴。

以更积极的姿态参与国际合作，新的洲际联通基础设施如中欧班列有望从陆地上实现与欧洲的高效贯通，中欧投资协定的签署，这都是新格局下中国进一步扩大开放的表现。中欧班列这一新兴洲际通道，还肩负着更多的使命——基础设施出海，用中国庞大的制造业供应链来连接海洋贸易难以企及的世界心脏，从而输出工业发展成果和文明，重塑地理。

大内需时代开启。由于具备庞大的中等收入人群，此前中国在工业发展比较优势中丰富的廉价劳动力资源优势渐消，但超大规模市场优势凸显，基于内需形成具备全球影响力的枢纽级制造品牌具备了可能性。从内需中挖掘经济的发展空间和动能，产城竞合模式[①]也超越

---

① 产城竞合模式包括以下三种模式：一是城市间展开的竞争与合作模式，例如近年来颇为热门的新一线城市排名，反映出人才和各类资源在不同城市和产业间的流动。二是产业间展开的竞争和合作模式。三是城市和产业都被视作一种平台，城市不只绑定一个产业，会努力争取产业链上多方参与，而从产业层面，它的布局也超出单一的地理范畴。不同平台间的复杂竞合关系变得微妙，没有绝对的竞争，也没有绝对的合作。

了原有的地理区位竞争范畴，谁有能力更好地构建与国内消费人群和产业链条之间的联系，谁就站在了城市竞合更有利的位置上。

对国内大循环的强调，也在呼唤对内开放和统一的国内市场。从区域均衡发展层面看，内陆腹地的广袤空间迎来了发展契机。产业园区这一为中国工业化的方案发挥着重要作用的经济组织形式，既呼唤更为专业的运营者，也日益成为城市产业竞争的重要基础设施。

回顾 180 年的历史，我们可以发现中国从沉沦到复兴，其中隐藏着不可忽视的三重因子——**独立自主之路，区域经济模式多样性，不甘沉沦之心。**

——独立自主之路，确保了中国作为工业化后发国家，在国家工业政策和产业发展层面，拥有长期的、科学合理的产业政策引导。

——区域经济模式的多样性，使得中国的崛起是多地驱动式的崛起，此起彼伏，如同满天星斗。中国经济的活力并不由单一地域、单一要素左右。它意味着自下而上的能动性得以发挥，不同区域的发展模式之间形成良性竞争，中国因而成为新经济绝佳的试炼场。在充分的试错空间里，工业化进程、现代化发展和改革能以渐进的方式进行，由此，中国经济得以实现接力式的长期稳定增长。

——而这种区域经济满天星斗、百花齐放式的格局之所以形成，离不开人的主观能动性。正是有从张謇开始的不同时期的创变者们对国家命运的强烈使命感，在一腔热血和一颗不甘沉沦之心的驱动下，才有众多的生产力边缘地带摆脱区位发展劣势，让区域崛起的特点从可能性、偶然性，成为现实必然性的可歌可泣故事。

时间维度的工业化演进，空间层面的区域模式创新和个体创变者不甘沉沦、永不屈服的精神，这就是中国崛起和中国模式的秘诀，也是中国发展的基本盘（见图1）。正是有了这一中国基本盘，区域创新风起云涌，各领风骚，中国实现了强劲而稳定的长期增长，摆脱了落后与贫穷，一步步走向复兴。

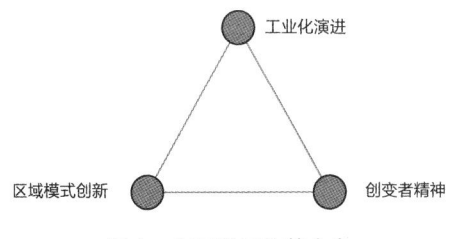

图1　中国发展的基本盘

本书的主题就围绕中国基本盘的三重因子展开，按照时间和空间维度相叠加的区域工业化模式演进谋篇。主体分为5章，分别论述了近代民族资本在夹缝里的艰难腾挪，计划经济时期创造的工业奇迹，改革开放带来的生机和活力，以互联网平台经济、新国货浪潮等新商业现象为代表的中国创新力，新发展格局下超越地理的新变量等主题。

全书共收录了11种地理或超越地理层面的区域生产力演进模式，包括：张謇在南通的工业化实践，计划经济时期大庆模式的辉煌与局限，三线建设样本攀枝花钢铁与从计划往市场转轨的上海宝钢在建设模式上的异同，温州民营经济的崛起与后来的困境，中国最伟大的城市深圳和最强的代工巨头富士康如何实现共同升级互相成就，过去10年间中国互联网平台经济的崛起与反思，互联网资本贪婪短视特质对制造业小镇王庆坨的冲击，新国货浪潮崛起背后的中国制造升级之路，循环格局变更背景下中国进一步对外开放的代表洲际联通设施中欧班列所承载的雄心和它面临的考验，中国制造业大升级之际产城竞合模式的变革，被视作改革开放试验田的园区经济在新发展格局下的机遇与挑战，等等。

这11个案例虽发生在不同历史时期，但始终离不开对5种关系的思考——**中国与世界、政府与市场、中央与地方、边缘与中心，独立与依附。这也是中国现代化进程中避无可避的主题，案例的价值和典型意义也正是在不同的参考坐标里反复被审视而得以确认的。**

通过分析和总结经济空间演变轨迹里的典型模式，探寻工业化进程里的历史现场，我们期望逼近那些在历史大模型中将某种模式由可能性变为必然性的惊险瞬间。人是历史的创造者，中国的现代化进程除了是工业化、城市化在不同地理空间演进的历史，更是中国人应对内外挑战的主动奋斗史。它并非被动承受的产物，而是中国的一群有识之士带领人民主动上下求索的成果。

因而，本书中所有的模式的本质都是以脚下的土地为试验场的中国创新和创变者的故事。

谨以此书，致敬中国的创变者和守护中国创新的人。

目 录

第一章　夹缝里的生存

01 向南通学习什么　中国独立探索工业化道路样本

状元办厂：瓜分危机下的知识分子自救　008

开拓者的艰辛：先天不足与后天压抑　014

南通模式：工农互补与县域发展的先声　020

第二章　计划的胜利

02 荒地起油城　大庆精神和所改变的国运

石油关乎国运　032

苦难与激情：意志力的奇迹　037

政企合一：一切服从生产　043

大庆的遗产和资源型城市的前路　048

03 铸钢为城　攀枝花和上海的两种路径

攀西的钢铁奇迹：三线建设的模板如何炼成　058
宝钢样本：从计划经济到市场化改革的演进　064

第三章　伟大的改革

04 "代工之王"与特区　深圳的制造业升级之路

一个商人的企图心和一座新城市　079
成为"iPhone之城"后的新增长点　086
深圳进化背后的中国崛起　091

05 温州的奇迹与困境　草根式崛起和产业空心化反思

温州模式的崛起之路　100
遭遇困境：利润"薄如刀片"　102
如何超越温州模式　106
新形势下的反思与前行　109

第四章　中国创新力

06 余杭南山启示录　平台经济的崛起与外部效应

数字巨头在中国诞生的土壤　119

从消费互联网到产业互联网　126

基础设施还是数字霸权？　132

数据治理的困境及迷思　137

07 王庆坨小镇的轮回　从互联网资本吹向制造业的飓风

"流动的长城"　144

"中国自行车第一镇"往事　146

共享单车带来的短暂春天　149

当新科技的"野蛮人"来敲门　151

08 新国货浪潮　供应链和 10 亿消费者

难以忽视的本土力量　157

"学会工业化"　163

中产崛起与消费升级　167

决战性价比市场　172

第五章　超越地理

09　从运河到中欧班列　重塑地理的基础设施和供应网络

大运河：封闭农耕文明的王朝生命线　183

中欧班列：超越政治和战争的新可能　191

流通格局变迁下的超级基础设施　199

10　ZHI 造城市　国内大循环与区域竞合新时代

国际大循环战略下的生产力布局　206

制造，"质"造，"智"造　214

城市竞合大洗牌　223

11　进击的园区　产城竞争的基础设施

园区 40 年：政府主导的改革试验田　235

崛起的民资园区　242

园区在海外：输出中国的工业化经验　247

后　记　251

参考文献　255

第一章
夹缝里的生存

第一次鸦片战争以后，清政府被迫开放五处通商口岸，到20世纪30年代，开放的口岸已达到了114个。中国被彻底卷入了世界资本主义市场，封闭的农业国逐步开始了工业化进程。

军事是清末最早开始工业化尝试的领域。鸦片战争战败让清廷看到了洋枪洋炮的威力，为应对西方的坚船利炮和国内愈加频繁的农民运动，改变旧式军队的孱弱，清政府开始创办近代军事工业。开明官员从购买洋枪洋炮开始，仿造船炮并着手建立自己的军事工业。1861年，曾国藩在安庆创办军械所，之后苏州洋炮局、江南机器制造总局纷纷成立。洋务派官员们在"师夷长技以制夷"的理念下，希望通过强兵改变国家命运。

这是一条由政府主导的、军事工业和重工业先行的工业化之路。由于官办企业效率低下，市场需求不足，加上清廷缺乏资金，民用工业的重要性开始凸显。19世纪70年代，一部分官员开始提出"求富"口号，主张创办民用工业，以富国实现强兵。

甲午战败对中国的精英知识分子带来了巨大的冲击。它意味着洋务运动的富国强兵之路走到尽头，仅有枪炮改变不了积贫积弱的困境，一些人在政治主张上开始转向。康有为提出维新变法，希望效仿日本实行君主立宪，通过在现有的政治制度下的改革来帮助国家摆脱困境。孙中山则创立兴中会，并在广州发动起义。他在衰朽的王朝看不到生机，认为革命才是中国的出路。

《马关条约》的签订让列强获得了在中国投资办厂的权利，西方资本加速涌入中国。在外国资本入侵的刺激下，民族资本以"商战"相号召，形成了民间投资实业的热潮。张謇就是投身实业的代表，他认为西方国家的强大在工不在商，工业强大，御侮自在其中。

从洋务派提出"富国"口号到此时，以民间资本设立的商办厂矿数量和资本总额已经领先官办或官督商办企业。进入20世纪，民族资本获得了更大规模的增长，缫丝、棉纺、火柴、电灯、肥皂、烟草等行业都出现了它们的身影。第一次世界大战期间，帝国主义无暇东顾，民族资本主义获得了发展之机。这一时期，中国资本新设厂矿共379家，资本总额8580万元，平均每年设厂矿企业63家，新投资本1430万元，比一战前的19年间增长了一倍多。除了重工业，在棉纺织、面粉、缫丝、卷烟等轻工业领域，中国的民族工业也迎来了大发展的机会。

但这种发展并不长久。20世纪20年代以后，国家政局动荡，军阀混战，加之日本发动侵华战争，中国民族工业彻底丧失了发展的宏观环境。

总结来看，西方的工业化大生产技术是中国民族资本主义萌芽的原因之一，在与列强争利的对抗中，民族资本逐步发展，一些人通过充当外洋买办积攒起工业的原始资本。他们中的许多人兼具士绅和实业家双重背景,与封建统治阶级有千丝万缕的联系。历史学界总结,近代中国资本主义是在外国资本主义入侵势力和本国封建主义统治势力的夹缝中产生的,这决定了它的成长过程和最终归宿,但张謇们实业救国之路的意义并不会因它的最终归宿而黯淡。它代表了当时的中国人从经济领域救亡的决心,是中国近代史的另一个侧面——一个封闭落后的半殖民地半封建社会在融入西方国家主导的现代世界时,除了诉诸政治独立和政体改革,经济领域的挣扎与悍战从未停息。

01
向南通学习什么
中国独立探索工业化道路样本

1921年年底,上海海关税务司的戈登·洛德在向英国政府提交的《1912年—1921年海关十年报告》里说:"通州是一个不靠外国人帮助,全靠中国人自立建设的城市,这是耐人寻味的典型,所有愿对中国人民和他们的将来做公正、准确估计的外国人,理应到那里去参观一下。"

这个英国人提及的"通州",是指如今距离上海不到三百里的南通。这座城市之所以得到如此高的评价,是因为当地的绅商张謇。南通的现代化也始于他在南通采用英国机器创办大生纱厂。

中日甲午战争后,张謇受民族危机刺激,在南通探索地方自治,发展近代工业。他从购买英国机器创办大生纱厂开始，逐步涉足教育、垦牧、机器制造、船舶交通等诸多领域，到20世纪20年代，已在南通建成了一个包含油厂、面粉公司、肥皂厂、纸厂、电话公司等20多家企业的资本集团，大生资本集团也是当时中国最大的民族企业集团。

大生对南通如此重要，以至于"大生工业企业的兴衰几乎完全可以视同南通地区工业化的成败"。在张謇的整体工程开始之前，南通是长江以北一个封闭落后的封建小城镇，当地经济结构以农业和家庭手工业占主导，几无工业痕迹。张謇的改造让南通形成了一个以棉纺织业为主业，囊括轻重工农的地方工业体系，南通逐渐向一个近代规模的资本主义城市过渡。

南通和张謇在国内的影响力跃升，"国内有事，通电必请张季直署名；实业界有事，必请南通领衔"。到过南通的中外人士对这里的工业化和社会建设不乏赞美之词。

值得一提的是，张謇在着手南通的地方实业前并无洋务经验。他未曾留洋进学，是个不折不扣的传统知识分子——饱读儒家经典，还曾在科举考试中高中状元。但最终，他却以实业贡献和地方建设而留名史册。

张謇和他的社会改造工程中的矛盾性和复杂性不止于此。知名的张謇研究者常宗虎曾这样表达对张謇与时代间的张力："作为一个横跨晚清与民国的过渡型人物，张謇极适于成为官僚，却放弃仕途成了现代实业家；饱受传统教育的塑造，却成了现代教育的开拓者；是一个非凡的实业家，却终生致力于地方社会的全面现代化。尤其是在一个半殖民地半封建的社会中，他居然能在受到接近殖民地化程度最深的上海附近独霸一方，在拒绝有外来者插手的环境中由个人致力建设地方。最难能可贵的是这种努力竟获得了相当大的成就，在全国独树一帜。而就是这样辉煌的典范，后来竟又迅速衰败。"①

因为这种复杂性，张謇在不同的历史时期得到的评价并不一致。比如，他曾被视作官僚资本主义的一部分，身上有诸多封建残余。但一旦时代的注意力落到中国的制造业发展、工业化现代化进程上，人们总会回想起张謇和他的南通。新中国工业起步之时，毛泽东曾说，重工业不能忘记张之洞，轻工业不能忘记张謇。②

21世纪进入第三个10年，张謇又再度被视作企业家的标杆，"实业报国、实干兴邦"。当今世界正经历百年未有之大变局，百年前的张謇重新为国人所热议，这是新时局对工业发展升级和大国制造的强调。100多年前，张謇就认识到"外洋富民强国之本实在于工，讲格致，通化学，用机器，精制造"。今天的国家间竞争，本质上是制造业的竞争，重读张謇和他在南通的实业之路，有现实价值。

---

① 常宗虎. 南通现代化：1895—1938 [M]. 北京：中国社会科学出版社，1998.
② 朱旭东. 张謇和他留下深深烙印的城市 [EB/OL].(2018-10-26)[2021-04-01].http://www.xinhuanet.com/mrdx/2018-10/26/c_137559973.htm

状元办厂：瓜分危机下的知识分子自救

1896年，长江南北的苏州和通州出现了一件奇事——两位状元要在当地兴办纱厂。当年年初，两江总督、南洋大臣张之洞奏派张謇和陆润庠在通州、苏州设立商务局，并在苏州和通州设立纱厂。陆润庠是20多年前的状元，张謇则在此前两年金榜题名。士农工商，传统士大夫居四民之首，如今状元却要屈身于被视为末流的工商业，不可谓不奇。

究其缘由，要从当时的时局说起。张謇办大生纱厂时正值新旧世纪之交，中国社会正发生激烈巨变。短短十余年，"风云变幻，殆如百岁"，中国大地被维新变法、庚子国变、君主立宪和共和革命等事件轮番冲洗，封建王朝的统治秩序风雨飘摇。风云际会，社会思潮涌动远超第一次鸦片战争时期。

这也是外国资本主义对华大肆经济殖民之时。第一次鸦片战争已是旧事，到1911年，中国的通商口岸从5地增加到了50余城。据统计，1894年之前，西方在华投资只有2亿～3亿美元，而1895—1902年在华投资办厂金额增至15亿美元。到1914年一战前夕，这个数字增加到了22.5亿美元，20年激增10倍。国门洞开，瓜分危机迫在眉睫。

张謇筹办纱厂的前一年，甲午战败，《马关条约》签订。条约放开了外资在华设厂的诸多限制。为父丁忧的张謇闻之，在日记中悲愤不已："几罄中国之膏血，国体之得失无论矣。"

中日两国国运有着天壤之别，当时中国的有志之士纷纷反思并借鉴日本经验。在列强的疯狂入侵中，张謇改变了封建士大夫对工商业的认知，工业被他提到了首要地位。1895年，暂别官场的他在为张之洞起草的《条陈立国自强疏》中建议各省设立商务局，发展工商业，"世人皆言外洋以商务立国，此皮毛之论也。不知外洋富民强国之本实在于工，讲格致，通化学，用机器，精制造，化粗为精，化少为多，化贱为贵，而后商贾有懋迁之资，有倍徙之利"。

历史学者伍贻业认为，张謇的选择，一是时代使然，举国上下震恐若狂，新局势使旧土壤里萌生出了新人物和新事业。二是地理和家庭背景。张謇所在的南通地处长江下游出海口附近，当地盛产棉花，家庭手工业发达，其家族中又有经商历史，因此耳濡目染。

棉铁主义，与列强争利

中国第一代实业家创办企业，除了对利润的追逐，更重要的是强烈的爱国思想和反抗列强经济入侵的宏愿。这一点与出身有关，这些人多兼有工商业与儒家知识分子的双重身份，不仅在产业里躬耕践行，更有政治家的视野。

张謇的"棉铁主义"主张就体现了这一特性，他自陈"謇于棉铁，固向持积极主义者"。1910年，张謇提及实业发展应重视"至刚至柔"两大产业："宣统二年，南洋劝业会开幕。謇既与各行省到会诸君子，发起联合研究会，乃衷光绪一朝之海关贸易，……而始得所趋。则以我国实业，当从至柔至刚两物质，为应共同注意发挥之事。……至柔惟棉，至刚惟铁，神明用之，外交内治裕如，岂惟实业。"

历史学家章开沅认为，重工业发展钢铁，轻工业重视棉纺，张謇抓住了近代发展民族工业的关键。但在南通，张謇毕竟没有发展钢铁产业的条件，他将钢铁产业寄希望于当时张之洞所创办的汉冶萍公司，自己则投身"至柔"之中。

棉纺织业是近代中国最大的工业部门，也是列强入侵最为深重的部门。经济史学者严中平统计过，1871—1873 年，中国从外洋进口的棉布价值约 3200 万元，棉纱 37791 担，过了 20 年，到 1891—1893 年，进口棉布价值增加到了 4491 万元，棉纱涨到了 704877 担。20 年里，外洋的棉布进口量增长仅三成左右，但棉纱进口量却增加了近 20 倍。

这组数字除了体现列强对中国经济侵略的加深，还反映了中国市场对棉布和棉纱的需求差异，中国自给自足的小农经济不同环节卷入资本主义机器大生产的程度不一。

中国传统的手工纺纱，效率低于手工织布。研究者统计，一个农妇每织一匹布，需要 3～4 个劳动力纺纱才能供应上。而西方机器生产的棉纱价格低，色泽、韧性和品相都较土纱更好，不易断头，因此很快被织户所接受。相比而言，中国劳动力众多，农业是最主要的产业，织布成了许多家庭副业收入的重要来源，因此机布较之土布的市场竞争力反而不明显。

市场对机纱和机布的不同反应,给中国棉纺织业带来的改变首先是纺与织的分隔——土布仍有市场,农民仍然在大量生产织布,由于机纱织布优于土纱,农民织布的棉纱大量采用了机器生产的棉纱。在这种形势下,资本主义机器大生产一方面瓦解了中国棉纺织业中的手工纺纱环节,同时又为个体小农的小家庭手工业发展提供了先进生产原料,促进了它的发展。

在距离上海不到三百里的南通,机纱的渗入程度也颇为深入。中日甲午战争期间,南通每天可销洋纱20大包,每年当地农村用于织土布而购买的洋纱总价达到40余万两。到甲午战后,全国范围洋纱进口速度增长更快,输往华北地区和长江中上游地区的洋纱占当地市场用纱量的93.7%和86.4%。

在南通设立纱厂具有反经济侵略的对抗意识。大生纱厂得名自《易经》,"天地之大德曰生",这反映了张謇对工业的认知。在张謇看来,近代工业是"养民之大经,富国之妙术,不仅为御侮计,御侮自在其中矣"。

大生纱厂建立的章程《厂约》中也提及:"通州之设纱厂,为通州民生计,亦即为中国利源计。通产之棉,力韧丝长,冠绝亚洲,为日产所必需。花往纱来,日盛一日,捐我之产以资人,人即用资于我之货售我,无异沥血肥虎,而袒肉以继之,利之不保,我民日贫,国于何赖?"强烈的与列强争利、保护国内市场的倾向跃然纸上。

无论是从纱厂的名字还是宗旨都能看出，发展机器生产，改变国家命运，繁荣经济，泽被地方，是张謇在南通发展的初衷。

为什么是南通？

中国近代棉纺织业集中于六大中心城市，"江苏之上海，无锡，通崇海，山东之青岛，湖北之武汉，及河北之天津"。江苏的通崇海指的是通州、海门和崇明，也即张謇所在的南通。大生纱厂能够办成，除了张謇故乡在南通这一因素，也不能忽视南通发展资本主义工商业所具备的客观条件。

方显廷所著《中国之棉纺织业》分析棉纺织业分布于六大中心，原因在"诸埠纺织厂发展最早，均为棉产丰富之区，煤与电力之供给极称便利，运输亦便捷，复为大市场之所在地，且又均有现代商业金融机关之设置，足资周转该业之金融"。总结起来，棉纺织产业的发展与这些地方的原材料丰富，交通便捷，距离市场近，同时金融条件成熟等区位优势有关。

明清以来，南通的棉纺织业一直颇为发达。一方面，南通是产棉区。当地地理条件适合种棉花，"地本江流沙壤积成，既肥沃而又便水利，故植棉之适与棉产之富为苏省之冠，而江南之棉区所不及"。当地县志记载，从明代天启（1621—1627年）年间开始，地方官就鼓励农民种植棉花，当地产的棉花有"沙花"之称，到20世纪初，通州、崇明、海门三地上市棉花约40万包。

另一方面，南通当地农民和织户生产的土布在国内也逐步打开了市场。19世纪中叶，当地生产一种布专门用于包装货品，颇受欢迎。之后，织户们又生产出了厚重耐磨的关庄布，逐渐打开了国内市场。当时，清朝加大对东北地区的开发，大量移民涌入东北。在物资缺乏的情况下，普通劳动者更需要耐消耗的棉织品。南通生产的耐磨土布裁制的衣服，能满足中下层民众的日常需求，因而畅销关外。同时，太平天国的兴起对江南此前的土布产地有所打击，由此，南通成了国内市场上不小的土布产区。

从消费端传导到生产端，南通本地家庭织户就对质量上乘的棉纱需求进一步上升。从这个意义上看，大生纱厂从建立之初，面向的就是南通机纱这一正在增长中的庞大市场。经济史学者林刚认为，大生纱厂一开始面向的并非消费市场，而是面向农村商品家庭手工业的生产资料市场，"它适应农村家庭纺织业的发展需要才得以建立起来"。

靠近棉花产地和棉纱的消费者中小织户，最大限度减少了生产过程中的原材料输运成本，可以说，南通具备了发展机器纺纱的客观市场条件。

另外，设在本地的纱厂，还能避免当时政府向跨区域物资收取的捐税。晚清办厂，地方政府要征收不少苛捐杂税。比如，从口岸城市到非口岸区域有额外税收，纱品从上海的口岸运到其他省份，需要交5%的捐税。

南通与上海之间的物理距离不到三百里，这是一个非常微妙又恰到好处的距离。一方面两地的经济联系通过长江，往来便捷；另一方面，又保护了南通的相对独立性。作为重要的原材料产地和棉纱需求市场，到中日甲午战争时，列强尚未来得及涉足这座江北小城。张謇是在一张相对空白的画纸上开始了他的地方自治计划。

相比张之洞等洋务派的官员身份，张謇虽有功名在身，毕竟并非拥有实职的当权者，但他已经有了足够的实业家自觉。他也不同于盛宣怀，后者虽行走商界多年，但始终头有顶戴。用今人视角看，张謇在南通的探索是一种从边缘地带的创新，具有某种程度的自下向上性，可以说是中国民族资本独立开展近代工业化运动的肇始之一。

开拓者的艰辛：先天不足与后天压抑

1895年冬天，张謇开始筹办纱厂，但直到1899年5月，大生纱厂才正式开车。这中间相隔3年半的岁月，张謇遭遇的最大困境是筹资。由于筹资不易，大生纱厂的性质经历了多次轮替和摇摆，从官招商办、官商合办最终变成了绅领商办。

纱厂筹资困难，与当时的中国社会对机器大生产的理解和认知不足有关。社会资金难以顺畅实现资本化，为资本主义工业发展提供财力支持，也反映了在封闭落后的农业国迈开工业化第一步的艰辛。

而即使募资成功，南通和张謇的事业也面临内在的危机。一是机纱面向的市场是土布织户，它依然属于农村家庭手工业范畴，随着机器大生产对中国传统生产方式的碾压，机织终将取代手织。张謇在南通办的厂始终仰赖本地织户市场，一旦织户们的土布销路不畅，大生纱厂就将面临困境，而整个大生资本集团的赢利又高度仰仗纱厂。在这条生产关系的传导链条里，实业发展在全国取得斐然成绩的大生资本集团的荣光，建立在并不稳固的根基之上。

另外，近代民族资本主义始终是在半殖民地的大背景下起步的，中国民族工业发展在先天不足和后天压抑的困境里艰难腾挪。作为工业发展的后发国家，国家的主权并不完整，华商起步比外洋资本更为困难，更谈不上享受本国政府对本国产业的相关保护政策。国内市场还因战争、割据等诸多阻隔，分散而破碎。随着全国范围内的战争爆发，这些近代早期区域工业化的先驱和努力注定以令人遗憾的结尾收场。

筹资不易，生存艰难

1895 年年底，张謇初步设定，南通本地和上海各 3 人，共同组成"通沪六董"，是为大生纱厂的股东。张謇是筹办者，但他毕竟是读书人，财力有限，并不在这 6 人股东之中。第二年，纱厂的规模和需募资金也逐渐有了明细：纱厂为商办，厂址在通州城西唐家闸，规模为先办纱机 2 万锭，招股 60 万两。

一开始，南通本地的股东颇为积极，但上海的商人十分怠慢，迟迟未见资金。为此，张謇到上海周旋，3 位上海股东中有 2 位买办商人就此退出了股东阵营。张謇于是又推荐南通本地的木材和典当行的 2 位商人加入。由此，南通本地商人成了主导。但由于本地商人集资不足，仅靠商人的力量，难以支撑大生纱厂的建设。

此时，状元的身份开始发挥作用。张謇在官场的社会资源积累派上了用场。他转而向张之洞、刘坤一等地方大员寻求帮助。商办计划此时已经搁浅，寻求来自官府的资金成了纱厂唯一的希望。

张之洞此前在湖广总督任上曾有兴办纱厂的念头，因此购买过一批纱锭放在上海杨树浦码头。由于资金缺乏，这批纱锭在码头生锈，两三年无人过问。上海商务局因此与张謇议定，官机作价 50 万两为纱厂股金，张謇另行募资 50 万两，纱厂改为官商合办。

但在当时的社会环境下，商人对官府有颇多顾虑，纱厂的股东中也不乏有人担心官方干预过多，因此极力反对官商合办。经过张謇的多方协调，1897 年 8 月，纱厂又改为"绅领商办"。具体来说，作价 50 万两的官机对半平分，由盛宣怀和张謇分别募资，每人筹资 25 万两，纱厂即可开机。在绅领商办的安排下，官府对纱厂的支配权降低，官机的折股只能每年到期领取"官利"，不能干涉企业经营。这也打消了入股股东对官府的疑虑，提高了他们参与大生纱厂筹资的积极性。

1898 年年初，大生纱厂的基础工程建设开始，由于缺乏资金，厂房建设进展缓慢。到秋天才算基本建成，机器安装过半。要投入生产，还需要原材料和日常成本开支。为此，张謇又去向刘坤一、张之洞、盛宣怀和东南各地方大员求助，但支持者不多。为维系纱厂运转，用于生产的棉花也被卖掉以应付日常开销。

到 1899 年 5 月，大生纱厂终于正式投产。但此时资金缺乏问题依然没有解决，纱厂的主导者们决心最后一搏——一边买棉花，一边卖纱，用卖纱的钱购买原材料，到完全无力开机时，就关闭工厂，彻底放弃。"定计尽花纺纱，卖纱收花，更续自转，至不能有花纺纱，则停车而闭厂，以还股东。"大生纱厂运气不错，当地市场对机纱需求量极大，加上当年机纱涨价，很快大生纱厂就站稳了脚跟。

在南通筹建纱厂的过程如此一波三折，这生动地体现了在这片国土上创新求变者的困境。张謇在日记里写过自己为纱厂募资的艰难，"凡以纱厂集股告人者，非微笑不答，则掩耳而走"。集资办厂对于 19 世纪南通的普通商贾而言是彻底的新鲜事，许多人并不了解集资与借贷的区别，当地一些农户听到办工厂，甚至谣传"要用童男童女祭烟囱"。这就是 19 世纪中国的现实，兴土木、建铁路、办工厂，都可能以破坏风水的名义被阻挠叫停。

因而，南通工业发展最初的资本积累全赖主事者个人社会资源变现。张謇在中央和地方的关系网，成了南通工业化得以实施的前提和背景。从这里我们也能理解，为何中国最初的实业家们都与封建旧制度间有千丝万缕的联系。在当时，只有这些人才具备兴办实业的客观条件。

学者伍贻业对这种时代特征有过很精炼的总结，新的正在萌蘖，旧的并没有立即消逝，张謇在"新与旧的激烈冲突下，负荷着传统，勇敢地正视着变化中的现实"。

从这个意义上看,说"先有张謇,后有南通工业",毫不为过。

从"一荣俱荣"到"一损俱损"

大生纱厂开机半年后,纱厂账面上居然有 26850 两盈余,2 年后盈利一路飙升,纱厂的规模也不断扩大。1899 年纱厂开机时只有 2 万纱锭,到 1905 年增加到 6.06 万锭。盈利能力也颇为可观,从纱厂开机到 1916 年,股东得余利 273 万两。这样的成绩在当时的中国颇为可观。

一组对比数据能反映大生纱厂取得的成绩有多惊人。经济学者严中平曾考察 1896—1910 年创办的 19 家华商纱厂,在中外棉纺织工业的竞争中,大生纱厂是唯一的幸存者。"我们找遍上述十九家纱厂,发现未经改组、出租、出卖而能继续增机增资者,只有南通大生纱厂一家,其余 18 家莫不曾经失败易主。"

近代民族工业在西方列强冲击、本土营商环境和资本主义发展土壤并不充分的情况下,事实上处于九死一生的处境。历史学者章开沅称:"这是一场对抗双方实力悬殊的'悍战'。"在第一次世界大战期间列强无暇东顾之际,民族工业有了短暂喘息之机,大生纱厂也是在这段时间快速扩大规模的。到 1921 年时,大生纱厂的 2 家分厂历年累计纯利总额为 1662 万两,其中有 2/3 是在一战期间取得的。

纱厂生产进展顺利后,作为棉纺配套产业的相关工业也纳入了规划。例如,面粉厂利用大生多余的动力来研磨面粉,既为纱厂提供浆纱的原料，同时也能便利百姓生活；纱厂的下脚料则作为油厂的原料，油厂的废料油渣作为皂厂的原料，纸厂则利用纱厂下脚飞花造包纱纸。

通过工业化的推进，大生纺织企业形成了一个以机纱为中心的工业集团。它带动了当地工业企业类型的多样化，当地的经济也围绕着棉纺的前后经济领域得到发展，植棉、纺纱、手织互相促进。1915年时，南通县（今南通市通州区）农民已经将70%的稻田改种了棉花，南通本地的土布销量从大生纱厂开车前的每年约10万件发展到1904年突破15万件。

在高度依赖土布销量的供需关系里，土布销售情况直接关系到大生纱厂的纱价，因此大生的企业经营也颇为关注南通土布的销售情况，甚至包括千里之外的东北布市价格。在大生系统档案中记载了不少布价与纱价关联的条目，如"纱市关系于布，布畅销则纱销旺"等。一旦外销的土布市场萎缩，清末民初的南通普通民众的收入无力消费本地生产的土布，自然也撑不起旺盛的机纱市场。经济史学者林刚因此将这种市场关系称为从"一荣俱荣"到1922年后变成"一损俱损"。

东北的土布市场萎缩，最主要的原因在于时局变动、政局不稳、日本侵略者的经济入侵和军阀混战等。日本从20世纪初就觊觎东北市场，一战后它加深了对东北的控制，20世纪20年代它在东北的势力进一步扩张。1922年直奉战争爆发，东北华北大片地区被卷入战火，大大影响了从东南运去的土布销量。大生纱厂经营状况也急转直下，很快就负债累累。1925 年，为维系营生，大生被债权人上海银行团接管。张謇和南通商贾丧失了对它的掌控权。

大生易主并不代表南通工业化进程的停滞，但土布市场的萎缩意味着大生纱厂得以发家的邻近棉产地和纱销地优势逐渐丧失。在机器大生产的步步紧逼下，小农经济和家庭手工业的顽强性终有限度。尤其是在国家主权沦丧、列强凭陵的境况下，民族工业终将从"悍战"陷入"鏖战"。1937 年全面抗战爆发，中国近代的民族资本主义和工业发展更是失去了生存的空间和土壤。

南通模式：工农互补与县域发展的先声

有人将大生集团的 30 年发展史视作近代民族资本与列强悍战中的幸存品；也有人认为，大生集团只是在外国资本主义向中国不断扩张的某些空隙里得到若干发舒，一旦列强紧逼，它很快会陷入沉寂。这都是看待南通近代化历程的一个截面。

如果把整个中国近代以来的区域工业化探索视作一个连续的运动，张謇和他在南通的尝试只是先声和肇始。它奠定了某种基调，中国人独立自主的工业化路径与外部刺激有着千丝万缕的联系，一个以农业和农村人口为主导的大国迈向工业化的每一步都充满了新与旧的激烈碰撞。

1922 年大生资本集团易主后，南通生产的土布在国内的市场逐步萎缩。大生纱厂多次调整经营方针以适应市场，其利润多用于偿还前期债务。进入20世纪30年代，中国社会陷入了更为激烈的动荡。覆巢之下无完卵，大生纱厂多次裁员，最终被日方接管，生产陷入停顿。这是近代中国大部分工业化运动的共同结局。

但先行者的探索不会被湮没。20世纪50—70年代，苏锡常通等地乡村兴起了社队企业潮，被社会学家费孝通总结为苏南模式。这些地方经历过工业文化熏陶，推动近代民族资本主义发展的区位因素如靠近市场、交通便利、劳动力优势等依然存在。新的历史条件下，它们以集体经济的模式走出了工业化的新路径。这仿佛是对一甲子前以南通为代表的近代化模式的遥远呼应——在相对边缘的长三角农村，合理利用农村固有资源，实现工业与农业的良性互动，最终推动地区的工业化进程发展。

南通的成与败

前文论及大生资本集团的荣光建立在并不稳固的根基之上，个体小农经济终将被机器大生产所碾压。但小农经济在相当长时间里存在，具有其合理性，这正是当时中国的国情。

清朝乾隆年间，中国人口已突破4亿，绝大多数是农村人口，农业是国民经济的主体和基础。人口的膨胀让人均可耕地资源急剧下降，人口资源占比处于相对紧张的状态。为养活更多人口，家庭内部的手工业和副业普遍存在，即使他们的劳动生产率相比机器大生产更为低下，但只要劳动所得超过劳动力以外的投入，仍有大量小农家庭有动力从事传统手工业。这正是学者们所提的小农经济对抗机器大生产所具有的顽固性。

围绕着大生的近代工业体系，带动了当地的经济朝着商品化转变，棉花种植、机器纺纱和机纱织布之间形成了农业—工业—家庭手工业的紧密联系，这种新型生产关系伴随着大生纱厂开机而互相催发，解决了庞大的农村劳动力就业问题。大生资本集团下属的垦牧公司试图开垦沿海滩涂种植棉花发展农业，既为棉纺织工业发展提供原料，又缓解了江南地区存在已久的人多地少的矛盾。

如果从这个方向总结南通发展的模式，可以看出它呈现了强烈的过渡性——传统儒家知识分子主导工业化浪潮，依托农业大国里的家庭手工业市场而生，与个体小农经济有千丝万缕的联系。这仿佛是当时中国命运的缩影——新的正在诞生，旧的尚未消逝，外部干扰深重，作为农业大国的中国步履蹒跚地走向工业世界。

南通工业化的模板意义也由此体现出来。农业大国在工业发展起步阶段，在资本积累不足、技术优势不显甚至落后的状态下，唯有正确处理工业与农业的关系，充分因地制宜利用劳动力大国的优势，在新经济与传统经济间形成某种良性循环，方能走出工业化的第一步。

张謇在南通的试验当然也有它特殊的时代局限。由于当地的工业化系于一人，张謇个人的社会名望支撑起了当地的探索，在南通"一人致是"，大生成了南通本地唯一的主导者，垄断了当地的企业经营权。张謇自己也点出过南通发展与其他地域的不同，"南通以个人之力致是……无锡则人自为战"。学者常宗虎认为，在不具有全国性自由经济体制和法律体系的情况下，个人及其集团的优缺点都深刻影响了南通的区域近代化进程，长期封闭和垄断造成了竞争机制的缺失，其发展系于精英的个人能力而非某种稳定的机制。

苏南模式的兴起

"苏南模式"最早由费孝通先生在其1983年的著作《小城镇·再探索》中提出。费孝通观察苏锡常通等地20世纪70年代初发生的小城镇由衰落走向兴盛的变化，认为乡镇企业是这些地方工业发展的主要组织形式，它们带动了区域经济的发展。

此后，苏南模式被学术界用来总结和概括苏锡常通地区20世纪80年代以来的经济社会发展道路。它指在江苏南部率先实现，以集体经济为主体，以乡办和村办工业为主导，以大中城市为依托，以市场调节为手段，由县乡两级政权直接领导的一种农村经济发展模式。

在苏南模式下，农村工业化的实现载体是实行集体所有制的乡镇企业。在计划经济向市场经济过渡的阶段，这种经济组织形式是当时农村为摆脱困境、寻找出路的必然选择。在长三角地区，人口与耕地资源间的紧张关系从明清时期就颇为明显，20世纪五六十年代，这一问题依然突出。

为了解决大量剩余劳动力的吃饭和就业问题，地方政府就地兴办了一些为本地农民提供简单生产和生活资料的企业，之后它们逐渐发展为农机具厂。这些工业企业为满足当地农业发展和农民务农的需求而存在，工业生产出农业需要的生产或生活资料，同时能提供就业，解决剩余劳动力的就地转移问题，农业则为工业提供市场、劳动力资源和其他生产要素。

这是苏南区位优势的再度发挥。它们毗邻发达的大中工业城市，水陆交通便利，农民与这些城市的产业工人有密切的联系，接受经济和技术辐射的能力强，同时在耕地资源紧张的情况下天然拥有大量的劳动力富余。在资本和技术不足时，集体所有制属性能形成某种背书，在工业发展前期方便了资源的集聚。这与张謇在南通发展工业最初也是走上层路线，有异曲同工之意。当时他也是最大限度地争取地方精英和资源的参与，实现社会资源的工业资本化。

苏南模式下，地方政府对工业的高度参与也带来了一些不良影响。乡镇企业在当时承担了大量的社会政策职能，在制度安排上存在产权不明和政企不分的隐患，在收入分配上也存在不合理性。随着市场经济的发展，苏南模式的内部隐患也随之暴露，越来越不适应发展要求。20世纪末，乡镇企业掀起了改制潮，彻底明晰了产权安排，建立现代企业制度，从乡镇企业里走出了不少中国制造的龙头。

百年来这个区域的创新者和创变者最终命运的差异令人唏嘘。对于个体、企业和区域而言，苦心孤诣的奋斗很重要，历史的大进程也难以回避。

第二章

计划的胜利

新中国成立70余年，历史被划分为两个阶段，相比后40余年光辉耀眼的成绩，1949年到1979年的岁月里充满了坎坷与动荡。

但是，这并不是一段可以被忽略的历史。这30年的发展奠定了中国今天独立自主发展道路的根基，而它所遭受的所有诟病却又根源于中国工业化条件的先天不足。

从工业化路径看，新中国的工业化是后发国家的工业化。中国饱尝100多年来因落后而备受列强侵略压迫的苦痛，同时面临社会主义阵营和资本主义阵营间的尖锐对立。1949年时全国人口约为5.4亿，其中农村人口占九成。中国要在极低的起点开展工业化之路。

而从这30年里的经济发展指标看，中国工业化、城市化并非毫无建树。

学者徐毅就中国工业的长期表现值与世界同期对比有过估算[1]：1850—1910年，世界工业总产值增长近6倍时，中国仅以1倍的速度微弱增长。此后持续负增长至1910年。民国时期中国

---

[1] 徐毅，巴斯·范鲁文. 中国工业的长期表现及其全球比较：1850—2012年——以增加值核算为中心 [J]. 中国经济史研究，2016（1）:39-50.

工业增长的成果被不断增长的人口抵消，导致民国前30年的人均工业产值始终没有恢复到19世纪80年代的水平。到1960年，中国的人均工业产值才超过1880年水平，到1980年又比1960年增长了近3倍。

这一时期的城市化水平也有提高。1978年，中国城镇人口占全国人口的比重从1949年的10.6%提高到19.7%，城市从新中国成立前的58个增加到191个，兴建了一大批工业城市。有人将这一时期的成果总结为"工业化型城市化"，工业化推动城市化发展，城市化水平明显落后于工业化。

具体说来，中国选择了一条颇受争议的工业化路线——采用以国营经济为主导的发展方针，优先发展重工业的赶超型经济发展战略，全面实行计划经济体制。经济学界普遍认为它违背了经济发展规律。林毅夫认为，这一时期的体制"是为了在资源稀缺的经济中推行重工业优先发展战略而形成的，其主要内容是扭曲产品和要素价格的宏观政策环境，高度集中的资源计划配置制度和毫无独立自主权的微观经营机制"[①]。

这条道路是中国的主动选择，却又是权衡客观国际形势和国内条件后的产物。

在东西方"冷战"背景下，中国因为身处社会主义阵营而遭到了西方国家的封锁禁运。以美国为首的西方国家成立了"巴黎

---

① 林毅夫、蔡昉、李周.中国的奇迹：发展战略与经济改革[M].上海：格致出版社，1999.

统筹委员会",对社会主义国家实施封锁禁运和管制贸易清单,朝鲜战争后对中国的封锁更是急剧升级。社会主义工业化建设前期,争取苏联的帮助,学习苏联的发展路径——这是20世纪50年代中国工业化发展面临的现实条件,中国的发展路线明显深受苏联影响。但随着中国不满于苏联在中国内政和主权问题上的一些干预,双方关系日益紧张,中国也逐渐远离了苏联的资源支持。独立自主,自力更生,重视国防和国家安全,这是当时的时代主题,也深刻影响了中国的生产力布局和经济模式安排。

中国走上了一条在内部寻找经济发展动力和空间的道路。从生产力布局上,全国范围内的工业布局从"一五"计划期间开始调整,优先发展重工业,同时重心向内地推移。"三线建设"时期这些特征进一步加剧。它既是为了改变新中国成立初期工业布局不合理的状况,均衡经济发展,同时也考虑国防需要,从而事实上改变了新中国成立初期七成工业企业集中在沿海的生产力分布格局。

而为了适应重工业优先发展战略的要求,我国在经济运行中人为压低重工业发展的成本,降低重工业资本形成的门槛,形成了以扭曲产品和要素价格为特征的宏观经济政策。为了保证被压低价格的要素和产品流向重工业,我国又建立了对经济资源进行计划配置的计划经济体制。

独立自主,自力更生,通过社会主义国家强大的资源动员能力,在封闭的内部循环里用较短时间建立起重工业的基础,中国迅速形成了相对独立完整的工业体系。它的代价是沉重的——稀缺资本高度集中是"以人为方式无偿地剥夺农业剩余，抑制轻工业的发展，忽视社会生活消费需求"的方式实现的。

计划经济 30 年，工业发展的典型代表当属石油和钢铁产业。"工业学大庆"，那个年代因重工业而崛起的城市发展路线或多或少都有大庆的影子。比如攀枝花的钢铁产业从城市建设到发展模式都高度模仿大庆，许多人才也来自大庆的输出。

大庆代表了一种工业城市崛起方式。在它的开发中，企业大于城市，油田生产高于职工生活。通过集中力量办大事的优越性，它创造了惊人的工业奇迹，也留下了无数以苦难和个人牺牲为关键词的个体记忆。

这是新中国成立后的最初 30 年发展历程里无法回避的复杂性，从中也依稀能看到今日中国发展的底层基因。正视复杂性本身，可能就是重新回顾那段历史的意义。

02

荒地起油城
大庆精神和所改变的国运

除了大庆,没有哪一个企业的诞生和发展,能与中华民族的精神与命运联系得如此紧密。

——原石油工业部部长余秋里

2020年,中国单月石油进口量接连创下历史新高。虽然从消耗量看,中国目前仍落后美国居世界第二位,但从2013年开始,中国已是世界最大的石油进口国。同时,由于经济的稳步增长,中国也是世界上石油消费增量最多的国家,达到世界平均石油消费增量的10倍。

石油是工业的血液，作为世界第一的制造大国，中国石油对外依存度超过 70%。对中国而言，石油已经成了绕不过去的战略资源。这种迫切渴求能源的情况仿佛 60 年前的场景重现。

当时的情况比当下更为严峻——居高不下的能源对外依存度，自身的石油产量低，与最大的石油进口来源国苏联的关系濒临破裂，国家经济发展又迫切需要石油。在今天看来，石油在当时几乎要成为牵一发而动全身的生产要素。

一座工业城市的出现缓解了中国的石油危机，打破了中国面临的困局。这座城市就是大庆。除了在拷问中国的能源安全时想起大庆，检视大庆模式在今天仍然有独特的意义。

大庆因油而生、因油而兴，是我国最大的石油工业基地。在计划经济时代，大庆创造了惊人的工业生产奇迹，被视作新中国"工业战线的一面红旗"。大庆的存在，不仅挽救了因缺油而濒于崩溃的国民经济，石油作为战略出口资源，还缓解了与周边国家的关系。它深刻体现了石油这一战略资源与国家意志和国家命运的关联。

我们从大庆的发展史中可以看到，中国人在一穷二白的情况下是为什么及如何独立自主发展出了石油工业；"大庆"为什么会被作为一种工业模型大加推广，它又遗留下了怎样的工业遗产。作为一座凭依能源崛起、工业化曾远远超出城市化水平的城市，它又该如何寻找石油以外的意义？

石油关乎国运

大庆的铁人王进喜纪念馆里挂着一幅油画。1959 年，王进喜作为玉门油田代表被选为全国劳动模范，参加庆祝新中国成立 10 周年观礼。他路过北京五四大街沙滩路口时看到路边公交车的大包袱，颇为好奇。身旁有人告诉他，灰黑色的大包袱是煤气包，因为国家缺油，公交车只能烧煤做燃料。

王进喜听闻后，一种使命和责任感油然而生。他当场洒下热泪，发下宏愿，要为国找油，改变中国缺油的现状。有人将这幅画里的故事称为"铁人"前传，在讲述大庆油田创业史时，它会再三被提及。今天的人很难想象，在那个激情燃烧的年代，中国人对建设属于人民自己的国家的蓬勃热望。

但若将视线拉回到 60 年前，在当时的国际国内环境下，也许我们就能理解"为国找油"意味着什么——它与石油在工业和国防里的重要性息息相关，也因为中国自身羸弱的石油工业基础和"贫油国"的身份，还在于西方石油巨头因"冷战"对华禁运，中国又与当时最大的石油进口国苏联关系日渐恶化。

工业需要热效率更高的能量

意大利经济学者莱昂纳尔多在《石油的世纪》中认为，1910 年，美国的汽油销售量超过其他照明用油的销售量，宣告了石油"能源时代"的到来。石油作为最重要能源的出现，很大程度上依赖内燃机的改良和大范围应用。

在内燃机大规模应用之前,石油只是作为一种廉价好用的照明原料和建筑黏合剂,以及因医药等方面的用途而被零星应用。19世纪后期,主要工业国纷纷出现改进内燃发动机,并设计出现代汽车。轮船和大舰艇也开始安装新内燃机。随着汽车和现代交通业的发展,工业界都在寻找热效率更高的石化产品。

石油在当时之所以能快速作为工业燃料崛起,在于它具有以下优点:第一,热效率高。它能让内燃机运行更久,自我补给能力更好。在轮船上应用石脑油(一种石油产品)可使航行距离比相同数量的煤远50%,这意味着同等热量所耗费的石油相比煤炭占用更少的空间,耗费更少的人力。以煤为动力的轮船,3/4 的船员都在搬煤或操纵与之相关的机器设备。第二,方便补给。使用石油作为燃料,轮船可以在航行中加油;若装煤的话,则需要在有一定装卸设施的港口才能靠岸补给。第三,方便运输。

这种热效率差距在当代有更为精确的衡量:1 千克煤可以产生 2500 万焦的能量,而 1 千克的石油可以产生 4000 万～5000 万焦的能量。更高的能量密度使石油成为交通工具的首选燃料。

几乎每一个国家的政策制定者都已经意识到这种战略能源的重要性。"如果得不到石油,我们就得不到粮食,得不到棉花,也得不到维持英国经济繁荣所必需的很多物品。"1913 年,英国时任海军大臣温斯顿·丘吉尔在游说国会同意政府投入资金控股濒临破产的 BP 石油(英国石油公司)时说。

这在当时当然有夸大的嫌疑，但两次世界大战加深了人们对石油的认识。石油及其生产提炼的各类产品如石脑油、柴油等，在战争期间保障了军队、物资和武器的输送。对石油这一战略资源的争夺，甚至左右了时局和大国的选择。

20世纪30年代，日本93%的石油依靠进口，其中八成来自美国。为了保证能源供应，日本陆军看中资源丰富的中国东北，海军则看中了生产石油的荷属东印度群岛，这些地方也因此成了二战中日本的主要攻占目标。导致第二次世界大战太平洋战争爆发的偷袭珍珠港事件，就是日本为保护海上石油运输航线的一场豪赌。

最终，人们发现，在工业文明时代，只有取得足够充足的石油资源才能维持工业的繁荣和高度机械化的战争。

中国石油工业起点极低

中国的石油工业起步不算晚。1907年陕西延长成功钻探的第一口工业油井，是中国石油工业的开端。之后，中国在新疆独山子、甘肃玉门等地开采石油并炼制少量成品油。但当时中国的石油工业规模极小。1907—1949年的近半个世纪里，中国累计石油产量仅278万吨。

中国是个"贫油国"的观点在国内外普遍流行。新中国成立之前，石油消费几乎完全依靠进口，主要来源地是美、英等西方国家；解放区也从苏联进口过少量的成品油，1946年为400吨，

1947 年增到 10900 吨，1948 年为 58700 吨。

新中国成立之后，国家立即大力发展石油工业。1955 年"一五"计划编订时，主持编订工作的陈云高度重视石油工业，把石油与农业、交通运输并列为"一五"计划发展的三大重点。国家投入大量人员在油田勘探上，但"一五"计划结束时，石油部是国家各个工业部门中唯一没有完成任务的部门。

20 世纪 50 年代，中国自己的石油生产主要依赖玉门油田和新疆克拉玛依油田。玉门油田是中国最早投入规模开发的油田，1949 年，这里的天然原油产量为 6.9 万吨，却占了当年全国天然原油产量的 98%。经过 10 年的恢复建设，到 1959 年，玉门油田的产量提高了十几倍，为 93.64 万吨。克拉玛依油田在 1955 年被发现，1956 年投产时年产量仅 1.6 万吨，到 1960 年，年产量为 163.9 万吨。这时，中国自己的天然石油自给率仅四成，需要进口大量石油满足经济恢复和国家安全需求。

严峻的国际环境与急剧上升的需求

中国对国内石油工业的重视，还与当时面临的严峻国际生存环境有关。

新中国成立后，"冷战"思维构成了美国对华政策的重要部分，"遏制中国"及隔离共产主义在远东扩张等主张在美国甚嚣尘上，战争的阴影始终笼罩在中国上空。

1950 年，朝鲜战争爆发，同年 9 月 15 日，以美国为主的联合国军登陆仁川。10月19日，中国人民志愿军开赴朝鲜战场。在这一背景下，西方国家认为，要遏制中国，削弱中国的战争能力，控制对华石油供应是重要的手段和工具。

以美国为首的西方国家对中国实施了严厉的石油禁运，这也是中国历史上遭受的第一次石油禁运。此前在华经营多年的美孚、亚细亚和德士古三大石油公司彻底切断了对华石油供应。

抗美援朝战争和工业发展计划让中国对石油的需求大增。20世纪50年代形成过两次石油进口高峰，第一次是1950—1953年，当时正值国民经济恢复和抗美援朝期间，经济建设和大规模军事行动导致国家对石油需求急剧上升。第二次是1955—1957年，此时正值"一五"计划建设期间，重工业投入运转，迫切需要石油。现实的需求和中国自身具备的生产能力之间存在不小的缺口。

整个20世纪50年代，由于西方禁运，中国的石油缺口主要依赖苏联的供应来维系运转。1962年之前的大多数时间里，苏联石油占中国石油进口总量的70%。而在1960年，由于多方面原因，苏联单方面撤走了所有的对华援助。

与最大石油进口对象之间的关系破裂，让中国的石油供应面临巨大的危险。石油越来越成为制约一个新生社会主义国家经济发展和国防安危的核心战略资源。

正如北京公交车顶的那个黑色大包袱一样，缺乏石油资源，如同一朵巨大的乌云，笼罩在工业基础羸弱、成立不过10年的新中国的上空。

"为国找油"在当时是口号,也是地质和石油工作者们的实际行动。1957年石油部勘探工作会议就提出,第二个五年计划要在塔里木、吐鲁番、黔桂、松辽、六盘山5个地区安排工作力量,进行区域勘探,寻找油田。

数以万计的地质专业师生和勘察队如同蚂蚁雄兵,散入苍茫的西北戈壁和白山黑水间。他们心之所向,全是石油。

王进喜还不知道,在他1959年国庆观礼时洒下热泪后不到1个月,距离北京1024公里的中国东北松辽盆地,一个叫大同的小镇被黑龙江省委改了一个名字——大庆,庆祝这年国庆节的前几天,一口叫"松基3"的油井成功喷出了工业油流。

这是大庆油田发现之前的故事,中国石油工业历史中轰轰烈烈的大庆时代就要来了。

苦难与激情:意志力的奇迹

1958年7月9日,松辽盆地第一口基准井开钻,到次年9月26日真正发现油田,其间只用了一年零两个月。作为中国油气勘探史上最成功的范例,大庆油田的发现离不开"一五"计划以来地质和石油勘探队的日夜付出。在勘探初期,苏联地质专家在技术和选址方面曾给予帮助,但很快,随着苏联与中国关系的恶化,苏联政府撤走了专家和设备,中国人要完全依靠自己,在一片荒原上发展石油工业。

大庆油田的建设充分体现了后发工业国在工业化进程中所面临的困境。大庆的石油产业工业化,最初称得上是人力手动实现的。为了获取石油这一工业发展所必需的能量,中国所能仰仗和依靠的是亘古以来最为原始的动力——人的躯体和四肢。

在当时,征服大庆不是一件容易的事。油田所在的地区纬度高,每年10月至次年4月为冰冻期,极端低气温可达零下40摄氏度,冻土深达两三米。发现油田前,这里"上面青天一顶,下面草原一片"。

核心油井所在地叫萨尔图,这里也是后来大庆城区的核心地带。"湿地""多风之地""月亮升起的地方"——从"萨尔图"的蒙古语意思中,便能窥见此地开发前的荒凉。

这本是中国工业化浪潮前难以触及的边缘地带,中国石油工业的长征要从这里开始。

倾举国之力建设的超级工程

大庆的开发充分体现了我国集中力量办大事的特点。这在当时是资源匮乏条件下的无奈之举,最终却成为体现计划经济优势的勋章。

当时松辽石油勘探局只有20部钻机,不足5000名职工。同期全国石油行业的资源虽然也不富足,但小有规模,包括17万名职工,100多台钻机。在国家缺油、石油工业基础薄弱的大背景下,集中力量开发油田成了现实的选择。

石油工业部上报中央，希望通过集中优势兵力打歼灭战的办法，组织石油会战。设定的目标是当年生产原油 50 万吨，年底达到日产 4000 吨的水平和年产 150 万吨的生产能力。

倾举国之力的超级工程轰轰烈烈地开始了。

几万名油田工作者如同作战的战士，被匆匆派到大庆。1960 年 2 月 22 日，中央做出"从当年退伍兵中动员 3 万人交给石油部参加开发大庆地区新油田的工作"的决定。此后中央军委又决定给大庆分配 3000 名军官，这批官兵分别从沈阳部队、南京部队和济南部队调至大庆。

除了官兵，从全国范围内抽调的专业地质工作人员也奔赴大庆。据 1960 年 4 月的统计，参加石油会战的人员达 4 万多人，其中总工程师、总地质师、大学教授、工程师和地质师等各类工程技术干部达 1000 多人。

如此多的人力能被快速抽调到大庆，大会战能迅速展开，其中藏着中国当时国民经济隐而未发的现实危机。中央党校教授程连升研究过新中国成立以来的多次失业高峰。他发现，第二次失业高峰发生在 20 世纪 60 年代初，由于"大跃进"运动造成的经济泡沫破灭，城镇失业问题非常严重，政府不得不减少城镇人口 2000 多万，其中精简职工 1700 多万。

组织会战，既为战略资源开发，也为解决就业，降低国民经济运行中的系统风险。

正如石油会战这个名字一样,这场开发就是一场战争,兵马和粮草源源不断运到工业第一线。

据《大庆油田史》记载,当年到达大庆的钢材有73130吨,木材50023立方米,水泥72713吨,机电设备50268吨,各种车辆400套台,地方建筑材料64245吨。从全国各地运到大庆的各种油井器材和设备有几十万吨。全国有18个省区市的400多个厂家为大庆会战生产加工需用的设备和原材料。铁道部当时甚至表态,从1960年3月开始,石油部要多少车皮就有多少车皮,而且列入正式计划。

困难重重

几万人的石油会战队伍到了荒原的核心地带后才发现,这里人烟稀少,天寒地冻,没有房屋,没有炉灶,甚至连油盐酱醋、锅碗瓢盆在当地都很难买到。"没到现场,已估计到有各种困难和矛盾,到了现场,才知道困难和矛盾比预料的多得多。"当时的石油工业部高层感慨油田开发困难重重。

即便有来自全国的物资支援,但由于一切从零开始,当地生产条件仍然极为恶劣——器材不齐全、设备不配套、汽车吊车不足,甚至没有运输的公路。从全国各地运到萨尔图火车站的几十万吨器材和设备,都是以人拉肩扛的方式化整为零搬到井场,然后用土办法安装的。

那一年大庆的气候也很是异常,雨季比往年长。从4月下旬起到9月底，油田三天两头下雨，草原上到处是积水和泥泞。会战队伍住的帐篷和木板房成天泡在水里，脸盆鞋子漂在水上。积水也给生产带来了困难，井场都泡在水塘、水洼中，钻井工人和作业工人要在齐膝深的水里施工，还得保证安全和质量。

一到10月，冰冻期就来了。零下40摄氏度的低温里，连像样的住处都没有。但为了不耽误生产，几万人并未撤到哈尔滨等物资相对充足的城市避寒，他们坚持留在生产一线。

空荡荡的一片旷野里，地质工作者和油田工人们以自己的躯体和一腔热血，展现了不输战争年代的意志力与激情。

今天的大庆，随处可见纪念当年石油会战的雕像。大多数雕像是群像：一群面容粗粝的汉子，戴着狗皮帽，身穿大棉服，脚蹬大头鞋，手里拿着铁锹，他们要忍受饥饿、寒冷和高强度作业的体力不支。口粮不足，一天三餐只有五两米，俗称"五两保三餐"。后来的油田工人口述资料显示，油田开发最初的日子，油田上的工人们饿了只能喝盐水或者用酱油掺水，由于长期吃不饱，许多人身上出现了浮肿。

"石油是苦难的。当这种苦难达到极致，就会焕发出一种激情。"激昂的诗篇，雄壮的歌声，火一样的热情，油田建设者们几十年后回忆起大庆，总以类似的关键词来概括当时的生活。

意志的胜利

意志支撑着他们克服了现实困难，这里面既体现了共产党在战争年代的优良传统，也体现了工人当家做主的荣誉感对个体热情的激发。大庆油田开发时正值"人有多大胆，地有多高产"的"大跃进"尾声，油田上的工人文化某种程度上承袭了当时的赶超式发展观念，具有强烈的超现实色彩。

石油工人们为了打破国外的油田纪录，废寝忘食，不眠不休。在极端困难的年代，坚定的信仰和坚强的意志成了他们度过最困难岁月的支撑。具体而言，当时油田上采取两种方式来增加劳动者的工作热情：第一，学习领导人语录，用领袖的思想指导实践；第二，打造劳动模范。

《大庆油田史》记载了一段插曲。

当时的石油部部长余秋里想到一个方法，要用辩证唯物主义的立场、观点和方法分析解决会战中遇到的问题。他组织石油部领导成员集中阅读毛主席的《实践论》《矛盾论》和《关于领导方法的若干问题》。

于是，全油田掀起了学习"两论"热潮。一开始没有那么多的书，他们就到当地县城的新华书店去买。县里的毛主席著作卖光了，他们就派人到哈尔滨、北京去买《实践论》《矛盾论》单行本。石油部机关还从北京买了几万册单行本，派专人坐飞机送到哈尔滨，再运到战区，发到干部职工手中，人手一册。

铁人王进喜的名号就是在这样漫长的严冬里叫响的。"宁可少活二十年，拼命也要拿下大油田。"1960年3月底，他从玉门风尘仆仆到了萨尔图，不问吃不问住，只问井位和钻机位置。经过不眠不休的 5 天 4 个小时，他带领队上的职工打完了到大庆后的第一口井，创造了当时的最快纪录。大庆石油会战中，涌现了不少这样的典型。在当时的社会主义大生产和工人阶级当家做主语境下，王进喜所代表的石油工人体现了社会主义劳动者强烈的主动性、组织性和纪律性。

这种超现实语境下的动员方式起到了推动生产的效果。从 1960 年 4 月 29 日石油会战的誓师大会举行，到同年 6 月 1 日，仅仅一个月后，一列挂着 21 节油罐的列车就从萨尔图火车站装油外运了。

1960 年冬天，大庆油田上宣传"零下四十（摄氏）度是纸老虎"，号召劳动者发扬不怕苦、不怕累的精神。历史数据记录了当时的生产奇迹：1960 年 12 月 10 日，大庆油田的气温下降到零下 30 多摄氏度，在没有像样的住宿条件和充足物资补给的情况下，当天原油产量达 7219 吨。

到 1963 年，大庆的原油产量达到了 439.3 万吨，占全国同期原油产量的 67.8%，全国原油总产量较大庆油田发现之前已有几倍提升。这一年的 12 月，周总理宣布，中国需要的石油，已经可以基本自给，中国人使用"洋油"的时代一去不复返了。

政企合一：一切服从生产

从荒地上的一口油井到一座油城，大庆的建设史也是一部中国石油工业的发展史。这是一个先有油、后有城的地方，整个城市的发展首先服务于石油的开发，石油的开发则遵从国家的意志与计划。在一切服从生产的原则下，当地形成了政企合一的特殊制度安排。

1960年4月，大庆作为一个区归安达市（1960年5月安达县撤销，设置安达市）管辖。1964年设安达（大庆）特区。安达特区采取了"政企合一"的形式，会战工委与特区工委、会战指挥部与特区政府合一。

党的工作以石油工业部党组领导为主，黑龙江省委领导为辅；政府工作中有关企业的工作以石油工业部领导为主，有关地方的工作以黑龙江省政府（当时称人民委员会）领导为主。特区政府领导企业的同时，又行使政府的其他社会职能。

这是一种客观资源不足的情况下为发展重工业而产生的特殊制度安排。作为资本密集型产业，重工业发展具有建设周期长、后发国家的大部分设备需要从国外引进，以及初始投资规模巨大这3个特征。而在中国当时的经济环境下：资本短缺，获取资本的价格或利率高昂；外汇短缺，可出口的产品奇缺；同时中国的资本剩余少，资金动员能力弱。

发展重工业的现实要求与中国的经济现状之间天然存在重重矛盾，想以符合经济发展规律的方式发展重工业，已经是不可能实现了。因而林毅夫认为，这种模式以压低重工业发展的成本，压低资本、外汇、能源、原材料、农产品和劳动力这些因素价格的方式，降低重工业资本形成的门槛，从而形成了以全面扭曲产品和要素价格为特征的宏观经济政策。

为了保证被压低价格的要素和产品流向重工业，国家建立了对经济资源进行计划配置的计划经济体制，同时建立了企业没有任何自主权的微观经营机制。

在大庆，政企合一的体制包括不建城市、"地上服从地下"、工农合一等具体安排。这种体制客观上起到了调动一切资源服务重工业生产的效果，让大庆油田快速进入集中开发和快速上产阶段。大庆的石油产量实现了快速增长，很快占据全国石油总产量的七成以上。1976年，大庆油田年产量突破5000万吨，为全国原油年产量上亿吨打下了基础。

不建城市

石油会战初期，石油工业部就确定了资源调配的原则：把有限的资金和物资先用于生产建设。这与当时国家的现实条件有关，当时中国正处于三年困难时期，物资匮乏，国民经济处于崩溃的边缘，已经没有能力抽调足够多的资源去建设一座石油城市了。

大庆的开发也汲取了此前的教训。20世纪50年代，中国出现过在未探明油田到底有多大、储量到底多少、能开采多少年的情况下，先用大量投资盖起较高标准的生活福利区和楼房的情况，结果油田规模低于预期，城市建设规划因此落空。

在这种背景下，大庆在"先有楼，后找油"和"先有油，后有楼"

的分歧中选择了后者，一切服务于石油生产，矿区建设则在会战过程中根据需要逐步进行。不建城市，事实上影响了此后几十年里大庆这座工业基地的物理形态和经济组织形式。

大庆的道路和公共设施也跟着油田的开发建设同步进行，哪里有油，路就修到哪里。城市里的经济空间演变，完全受资源分布制约，当地人总结为"地上服从地下"。一直到今天，大庆城市的物理形态仍然呈离散型，这是资源型工业城市因地下矿藏分布和开发顺序形成的特有空间特性。

"不建城"的理念让石油工业基地难以发挥集聚、规模和协作效应，这些教训后来也还逐步得到了反思和调整。

在很长的一段时期里，由于把生产摆在第一位而缺乏足够的城市配套建设，大庆与其说是字面意义上的现代城市，不如说是一个巨型企业。大庆等于油田，企业大于城市。

工农合一

矿区建设依循了1962年6月周总理视察大庆油田时提出的"工农结合、城乡结合、有利生产、便利生活"的16字方针。根据地下的油田资源分布，形成了萨尔图、龙凤镇和让胡路3个中心区。中心区之下是二级居民点，以厂矿机关为中心，建成中心村。三级居民点则以井队、泵站为单位设置，分布在中心村周围。

"工农结合"，指的是工人在油田上从事工业生产，职工的家属们则负责农业劳动。典型案例是"五把铁锹闹革命"。在计划经济时期，工人吃口粮，但家属的粮食供应并不在计划内。组织家属参加农业劳动，既能解决就业，又能解决粮食问题，减少国家物资投入。

"工农合一"的目的很明显，以农养工，通过家属的无偿劳动，减少矿区建设对国家物资投入的依赖，从而保证物资尽量投入工业生产中。

在20世纪60年代初的三年困难时期，这种安排初步解决了家属的口粮和副食供应问题，减少了对国家物资的依赖。以1962年为例，当年3800多名家属组成了182个生产队，开荒种地4000亩，收割粮食33万公斤，产菜37.5万公斤。

从"生产大于生活"到"城市大于企业"

在油田全力保生产期间，为了节约资金，减少国家对油田职工住房建设的投资，会战指挥部主张就地取材，采用当地老百姓住房常用的生土夯打方式来建职工宿舍。"干打夯"或"干打垒"成了大庆矿区房子的专用词，这样的房子阴冷潮湿，夏天房顶的油渣一晒就化，每年都需维修。

伴随着人口的膨胀，会战初期的浪漫主义色彩和理性主义氛围逐渐淡去，工业基地里的配套设施和职工住房问题成了需要解决的现实问题。而直到70年代末期，大庆才迎来了楼房建设的契机。

1978年，邓小平时隔十余年再度考察大庆。结束对大庆的访问时，他对当地的城市建设提出了要求："大庆贡献大，房子要盖得好一点，要盖楼房。"石油"老会战"们住进"干打垒"十几年后，大庆终于得以喘息，有余力在石油生产之外兼顾当地石油人的生活。

1979年，几万人的江苏建筑队伍开进大庆，建成了40万平方米的住宅楼。同年12月14日，安达特区改名大庆，大庆正式建市，由黑龙江省直辖。

1980年，油田在职职工数超过14万人。建市以后，大庆的地方产业有了较大发展，大庆也开始逐步探索政企分开和市局机构改革。

石油开采以外的石油化工产业逐步发展，从60年代后期开始，炼油厂、乙烯厂、化肥厂等逐步建设，这是所有资源型城市降低对资源开采依赖，朝更复合的方向发展的必经之路。

另一方面，与居民生活有关的服务业也有发展。1985年年底，全市地方工业已经有20多个行业，产品9000多种，主要为油田、化工材料、建材和居民生活服务。文化场所等也是在新的所有制经济蓬勃发展后发展起来的。对大庆而言，城市大于企业的时代步步逼近。

大庆的遗产和资源型城市的前路

大庆留下了丰厚的遗产。它让中国的石油开采重心从西北转移到了工业更为发达的东部，在国际局势紧张的状况下保障了国家的安全。大庆石油的大量出口还带来了外汇收入，缓和了与日本等国家的关系，提升了中国在外交上的主动性。大庆还成为计划经济时代工业文化的样板，"工业学大庆"，它的生产模式和工人文化大量输出全国，这里成长起来的干部在一定时期影响了中国的政治生态。

今天，大庆还在寻找大庆以外的油田。在本地油田资源开发濒临枯竭后，油田开发者们迫切期望能找到增量资源。这是所有的资源枯竭型城市共同面临的命题——如何在自然赋予的区位优势消失前，寻找新的发展空间。

保障了石油自给

几十年后回看大庆，大庆最夺目的贡献当然是石油。作为一个开发历史达到60年，累计生产原油24亿吨，上缴税费及各种资金近3万亿元的油田，这些数字早已让大庆跻身世界同类油田开发的先进水平之列。

除了经济层面的价值，中国石油供应自给自足还具有划时代的标志意义。大油田的发现和快速投产，驱散了压在中国人头顶上缺油的阴云，事实上保障了国家的安全，也为中国未来的工业发展奠定了基础。

在学者侯丽看来，这是一个新生国家最大的幸运："丰富的石油矿藏位于中国工业最发达的地区，地上已有日本人和俄国人建好的四通八达的铁路网络。大庆位于原中东铁路哈尔滨和齐齐哈尔之间，以一个三级小站萨尔图为基地，石油开发所需的大规模物资运输靠火车顺利完成。"

从整个中国的经济空间布局看，大庆油田的发现也改变了国家工业布局的版图。它让国家的石油工业中心从西北回到了国土的东北部，这里距离苏联援建的重工业项目和此前的工业基础更近，黑色血液辐射中国经济大动脉更为顺畅。

出口创汇和国家地位的提升

除了满足国内的需求，石油也是国家出口创汇的产品。中国可供出口的产品不多，石油是最重要的产品之一。

1972年8月，周恩来总理在北京接见日本经贸团，日方团长稻山嘉宽提出希望每年从中国进口1亿吨石油。对日本来说，它希望减轻对中东石油资源的依赖，中国的石油成了它绝佳的选择。

1976年4月30日，10万吨的大连原油码头建成投产，打开了中国到日本的能源通道。

20世纪70年代正值世界石油市场格局大转换期。1973年的能源危机导致石油输出国组织减少石油供应，引发油价巨幅上涨。在不到4个月的时间里，国际基准原油价格暴涨了4倍，整体油价一路飙升至1970年价格的10倍。中国正是在这样的时刻实现了石油产量的连年攀升，到1978年实现了1亿吨的突破。这是一次卡位极为精准却又惊险万分的转身，如果没有大庆，中国国民经济体系可能早已难以维系。

高油价对当时的中国是利好，中国从高油价中获利颇丰。随着国际油价的上涨，中国出口日本的石油价格出现了跳跃式变化。1973年中国出口给日本的原油价格为4.59元/桶，1974年年初已跳至14.8元/桶，1975年价格有所降低，但依然达到12.8元/桶。

通过出口石油，中日贸易额实现了快速增长。1972年双方贸易额为10.39亿美元，到1978年已经增长到了48.2亿美元，几年时间提高了3倍多。其中，增长的工矿产品占比颇大，来自大庆的石油占据的分量蔚为可观。

到1979年年末，中国的外汇储备达到8.4亿美元，当年就增加了6.7亿美元。"尽可能多地出口石油，反过来我们才能得到许多好东西。"邓小平对石油出口乐见其成。

用石油换回的外汇都换成了各种进口的技术和设备，比如乙烯生产装置、化纤设备和技术、石油开采的钻机、地震仪器等，这有利于中国轻工业技术的进步和化工工业的发展。

在20世纪70年代，日本商界为争取来自中国的石油，积极斡旋，希望促成《中日和平友好条约》的签订，这也让中国在外交上具有了更大的主动性。

除了日本，东南亚国家也希望中国供应石油。当时，泰国和菲律宾都积极寻求来自中国的石油资源。这一时期，石油成了中国改善外部生存环境的重要筹码。

社会主义工业大生产的模板

作为社会主义工业大生产的模板，大庆的建设模式带有浓厚的时代气息。

"大庆的历史功绩不仅在于为国家生产了大量的石油资源，而且还在于为国家造就了一支英雄的工人阶级队伍，培养输送了一批领导骨干和科技骨干。"这是1996年油田开发35周年，大庆实施新的开发规划时，当时的国家领导人胡锦涛的评价。

特殊时期的成功，让大庆从荒地和工业化前的不毛地带，一举跃升为经济版图上的中心地带。

"工业学大庆"，这里锤炼出了社会主义的工人文化，沉淀下了共和国发展工业的路径，这些成果被推广到了全国。从人才培养的角度看，它对新中国成立到改革开放之前的计划经济时期的影响在于，这些大庆会战里成长起来的干部们，主导了后来的三线建设，影响了中国的政治生态。

许多资源型城市的发展道路深受大庆政企一体发展路线的影响。比如，伊春的林区建设就汲取了大庆的经验。1962年10月周总理讲到伊春林区建设问题时就提出："我看今后林区、油区没有其他工业的，就不要搞大城市。我看就是萨尔图这个办法。这样可以缩小城乡差别。"

大庆产生于特殊历史时期，当然也带有那个时期的局限性。

政府主导的国有经济是这一时期工业化的主体力量。到1978

年，国有经济产值在工业总产值里上升到了 77.6%。它们集中在高积累、高投资和重工业部门，这种高集中、高积累率、过于偏向重工业的倾向，严重束缚了企业的自主权，忽视了微观经济效率，在资源配置上，财富没有流向人民的生活。1953—1978 年，中国的工业年均产值增长 11.4%，社会总产值年均增长 7.9%，但居民消费水平年均增长仅 2.2%。

这在大庆有非常直接的体现。繁重的生产压力让油田开发的前 20 年里，当地根本无力兼顾人的生活，没有商业和文化的土壤，长期没有生活娱乐设施，城市化水平滞后于工业化发展。这种政府主导的国家工业化战略和传统经济体制，随着时间的推移也必然面临巨大的改革压力。

资源枯竭之后

1995 年，大庆油田正式进入"高含水时期"。按国际惯例，这时它已经可以"功成身退"。但大庆的油田工作者向开采极限发起挑战，依靠三元复合驱技术来提高原油采收率。这项技术的应用，让大庆油田主体油田采收率突破 60%，较国外同类油田高 27% 以上。到 2002 年，大庆油田的年产量依然突破了 5000 万吨，此后一直保持每年数千万吨的产量。

这项技术突破是大庆多年开发历史带来的成果，意味着大庆已具备了技术对外输出能力，也事实上开启了以技术换市场、以技术换资源的历程。以 2007 年为例，大庆石油管理局钻探集团有 15 支钻井队在委内瑞拉、印尼、哈萨克斯坦、美国、苏丹、蒙古国等 11 个国家开展钻井、测井、固井、地震勘探施工。对大庆而言,他们希望挖掘大庆油田以外的油田开采价值。

此外,大庆的海外油田开发仍在继续。2005 年 4 月 1 日,大庆油田正式收购英国 SOCO 国际股份公司在蒙古国塔木察格盆地的 3 个石油区块,标志着大庆油田海外勘探开发迈出历史性的一步。大庆的这些行动对今天的中国而言,具有现实意义。1993 年,中国从石油净出口国转变为净进口国,此后随着经济发展,中国的石油需求量大增,"为国找油"在新的历史时期具有新内涵。

而从大庆的城市发展的层面来看,石油资源逐渐枯竭,也是它不得不面对的大课题。油田连续 27 年年产 5000 万吨后,如何找到城市经济发展的新空间?这是所有资源型城市头上高悬的达摩克利斯之剑。中国有 262 座资源型城市,其中有 69 座已经出现资源枯竭。当资源逐渐消失以后,城市维系生机的方案并不一致。

一些城市开始发展旅游业,试图将工业遗产转化为城市发展的新资源。大庆找到的解决方案是旅游、汽车和新材料。2010 年,大庆市出资 30 亿元参股支持吉利并购沃尔沃汽车,参股条件之一是在大庆设立整车制造基地,由此拉开了大庆汽车产业发展的帷幕。

世界不乏资源型城市转型成功的案例,德国的鲁尔区就是一个典型——通过发展创意产业,这里将衰落的工业心脏打造成了新兴创意之城。但对更多的城市来说,寻找新支柱的道路是一条漫长的旅途。

如今,大庆的故事还在延续,有关中国石油工业的故事也还在延续。总结历史,我们可以说,这座城市是意志和计划在石油战线的胜利。今天,大庆不只是石油,石油也不只在大庆。而中国的工业化和制造业也不是只有石油和钢铁。

在新的历史时期,国际环境、全球贸易、工业政策和劳动分工、市场竞争总会带来新的经济空间。飓风永不停息。

03

铸钢为城
攀枝花和上海的两种路径

2020年,中国粗钢产量连续多月在世界钢产量中占比突破60%,这是中国继1996年首次突破钢年产量1亿吨大关、跻身世界第一产钢大国后,突破的又一节点。新冠疫情后,中国经济快速复苏,中国制造在全球的存在感进一步增强。

钢铁是工业的筋骨,也是国家工业化的支柱。一个国家钢铁工业的发展水平往往被视作衡量工业化程度的重要指标,大国在其现代化进程里,都曾不遗余力地发展过钢铁产业。工业革命以来,世界钢铁工业地理版图曾因主要国家的工业化进程和国力变化，发生过巨大变化，这被称为钢铁生产"王冠"的东移。最初的王者是英国，19世纪90年代以前，世界最大的钢铁生产国是英国，它是工业革命的发源地。1890年，美国超越英国跃居世界首位，与之相应的是美国的制造业也跻身世界第一。此后的80年间，美国的钢铁生产遥遥领先，1947年钢产量占全世界比重曾达56%。但随着苏联经济的恢复和发展，1974年苏联产钢量跃居世界首位。1980年，日本的钢产量也超过美国，居世界第二。

中国的钢铁产业在漫长的岁月里扮演着后发学习者的角色。1893年张之洞设立汉阳铁厂，是中国近代钢铁工业的起点。一战期间，中国新式钢铁工业因铁价飞涨得以勃兴，但很快因外部条件变化而迅速夭折。到1949年，中国的钢铁工业从极低的起点开始重建。经历了70多年发展历程，中国最终在世界钢铁产业的生产力迁徙中从配角跻身舞台中央。

如果回顾中国钢铁工业史，会发现这个产业的发展与壮大，自始至终都与国家的命运同频共振。不过，即使同样具有强烈的国家主导色彩，攀枝花和上海这两座城市的钢铁产业依然是在不同的路径中发展起来的。

攀枝花起步于1964年"三五"计划提出的三线建设战略。依托当地丰富的矿藏资源，在备战卫国的号召下，当时的建设者们凭着一腔赤诚，在攀西大裂谷上建起了一座钢城。

而上海宝钢则是中国结束10年动荡，国家的重心从"以阶级斗争为纲"重新转回经济建设时期的产物。它建在中国最大的城市之一，在当时引进外国技术的项目体量堪称第一，目的在于面向国内市场生产符合市场需求却又无力供应的钢铁产品。宝钢的成长历程，如实体现了从计划向市场的转轨。

两座城市虽然体现了钢铁产业发展的两种路径，但它们却同是中国钢铁工业史上不可忽略的一部分。

攀西的钢铁奇迹：三线建设的模板如何炼成

如果你到过攀枝花，见过当地的地形地貌，你会惊讶于这样的地理环境如何能诞生一座钢铁工业城市。攀枝花位于川西高原山地的南缘、云贵高原的西北部，整个城市坐落在高山峡谷里，地形从西北向东南倾斜。有人说在攀枝花很难有正南正北的概念，城市的街道沿着江流盘旋弯曲。很多地方一边是江，一边是山，只有一条街道。

但曾经中国西部最大的钢铁企业、中国最大的产钛企业、世界第二的产钒企业——攀枝花钢铁厂，就坐落在这里。在远离市场的深山谷底，建起了一座钢铁城。攀枝花最大的优势在于当地的矿藏资源，但它得以建成，更离不开当时的时代背景。

20世纪60年代上半叶，中国面临着严峻的国际生存环境。在西南，美国与越南的战争升级，而中印紧张局势仍存；在东北，中苏在边境对峙；东南沿海则面临海峡对岸的国民党当局的袭扰。严峻的国际形势迫使国家领导人重视非边境区域建设，以备战为中心，将整个国土的生产力分布按一、二、三线布局，把内陆腹地作为发展国防工业和重工业的重点区域。第三个五年计划的制定也沿着这一思路展开，把国防建设放在第一位，加快西南内陆等广大三线区域的建设，逐步改变已有的沿海分布的工业布局。

攀枝花的钢铁工业就是在这样的背景下被投资建设起来的。作为三线建设的代表性项目，它的发展和建设具有浓厚的时代特色。

为什么是攀枝花？

在成为西南地区的钢铁工业基地之前，攀枝花所在地只是一个村庄，只有7户人家，村口有一棵大大的木棉树，红色的花朵盛开时十分壮丽，因此此地又名攀枝花。在西南的高山峡谷里，层峦叠嶂，地形崎岖，很少有人想到这里会与现代钢铁工业发生关联。

今天的地质勘探水平让世人知道，这里是中国乃至世界矿产资源最富集的地区之一。已探明铁矿储量71.8亿吨，占全国铁矿总储量六分之一，是中国四大铁矿之一；钛储量占全国总储量93%，居世界第一；钒储量占全国总储量63%，居世界第三。

对当地矿藏资源的认知是通过逐步考察实现的。20世纪30年代，就有考察者在攀西一带寻矿。1932年，西昌地质学家常隆庆应四川实业家卢作孚之邀，到重庆北碚出任中国西部科学院地质研究所所长。1934—1940年，他先后6次出入攀西地区进行地质考察，1936年发现金沙江畔"有山金脉及浸染式之磁铁矿、赤铁矿等"。他在研究报告中注明："安宁河流域矿产之丰，为西南诸省之冠,而地处川、滇、康三省之交,有绾毂西南之势。诚能将由成都经西昌至昆明铁路筑成,则安宁河流域,当为国内极佳之工业区。"[1] 这是20世纪30年代的中国精英对当地工业区位的判断,常隆庆在20世纪40年代还曾绘制当地的铁矿区草图。

大约20年后,新的勘察者来了。1956年,南京大学地质系教授许克勤在西南地质局的支持下普查找矿。他们经过1个多月的考察,认为以川滇交界的金沙江畔的兰家火山为中心的区域里,蕴藏着极为丰富的钒钛磁铁矿,储量在1亿吨以上。之后,西南地质局又经过多次勘察,得出结论:金沙江畔有一个巨大的矿区,铁矿石储量在10亿吨级别。丰富的资源条件让地质部部长李四光颇为震惊,他很快将此事上报中央。

进入20世纪60年代,随着当时的国际形势变化,国家领导人在备战的大前提下提出要发展大后方工业。1964年5月27日,毛泽东在北戴河召开的中央工作会议上听取国家计委领导小组汇报第三个五年计划的设想时指出:"在原子弹时期,没有后方不行,四川是三线建设的一个重点地区,应该首先把攀枝花钢铁基地和相应的交通、煤、铁、电搞起来。"[2] 这是攀枝花钢铁项目建设提上日程的开始。

围绕四川建钢铁厂的选址问题,曾经有过分歧。四川乐山太

---

[1] 单琳,胡小平(摄影).年年相见 攀枝花观苏铁[J].中国国家地理,2006(B04):22-23.
[2] 段娟,郑有贵,陈东林.历史与现实结合视角的三线建设评价——基于四川、重庆三线建设的调研[J].中国经济史研究,2012(3):120-127.

平场和攀枝花都是备选方案，最终因为攀枝花的矿藏条件更优，钢铁厂选址还是定在了这里。毛泽东多次对这个钢铁项目下指示："三线建设的开展，首先要把攀枝花钢铁工业基地以及相联系的交通、煤、电建设起来。建设要快，但不要毛糙。攀枝花搞不起来，睡不着觉。"① 他甚至提过，攀枝花搞不起来，他就要骑着毛驴到西昌。

1965 年，攀枝花的钢铁项目开建，该地区工业的发展充分利用了当地的交通和资源条件，整个西南地区因此形成了两点一线的建设格局——以攀枝花为中心，通过成昆铁路线，六盘水工业基地的煤炭运到攀枝花，攀枝花的钢铁运到重庆，重庆的机器运到攀枝花和六盘水工业基地。1970 年钢厂开始出铁，1971 年开始出钢，1974 年开始出钢材。它为我国西南地区的工业发展提供了重要资源，也平衡了区域工业分布格局，它是山区建设大工业取得成绩的典型案例。

渡口特区与冶金部的"车间"

1965 年 1 月 3 日，中共西南局攀枝花基本建设筹备小组建议尽快成立工业区党委、建设指挥部和矿区政府，15 天后，周恩来批示，攀枝花成立特区政府，仿大庆例，政企合一，由冶金部党委为主，四川省委为辅，实行双重领导。1965 年 4 月，经国务院

---

① 段娟，郑有贵，陈东林. 历史与现实结合视角的三线建设评价——基于四川、重庆三线建设的调研[J]. 中国经济史研究，2012（3）：120-127.

批准，攀枝花特区更名为四川省渡口市，攀枝龙特区党委对外称中国共产党渡口市委员会，两块牌子，一套班子。

"工业学大庆"，大庆油田的开发经验被当成模板，复制到三线建设的各工业城市开发中，攀枝花也不例外。攀枝花的上级主管部门是冶金部，这种管理体制延续了1952年以来学习苏联的国营钢铁企业管理原则。部委下达各类指令性计划指标，原料由国家采购，价格由国家制定，利润基本上缴，企业只有少量奖励和福利基金。按照一些学者的说法，国营钢铁厂是相关部委的附属单位，是冶金工业部的一个"生产车间"。

在物资匮乏的年代，在攀枝花这样偏僻又险峻的地方建设厂区，难度不小。整个厂区所在的弄弄坪，得名自建设时选址的苦恼。大裂谷属于高山峡谷，平地少，建厂的选址让专家颇为头疼。当时周恩来指着地形图说："弄一弄就平了嘛。"弄弄坪的名字由此而来。今天有人去攀钢厂区参观，依然会感慨像在走盘山公路。

厂区长约3公里，宽不过1公里，高差却有80多米，建在弄弄坪的山坡上。这座被誉为"象牙微雕"的钢铁厂房，是经过50多次方案修改后的结果。它兼顾了切合实际和经济合理，建成后比国内同规模钢铁厂用地少一半，工程量少2/3，可谓戴着镣铐跳舞到极致的结果。

为了支持当地的钢铁产业建设，数十万人像涌入大庆一样涌入攀枝花。从一个几无人烟的小村庄到几十万人口的大城市，攀枝花的工业成绩是几十年里不断涌入的建设者们创造的。1965—

1985年，迁入攀枝花的人口达67万人，平均每年迁入3万多。全国各地人才不断向攀枝花聚拢，据粗略统计，1970年清华大学和北京大学的毕业生集中分配及相继调到攀枝花的就有56人。

建设攀枝花的老人们说，只有在计划经济时期才能出现这样的工业建设案例。在经济发展落后的西部地区，地形艰险，交通不便，物资供给困难，在市场经济的条件下，这些项目根本不可能出现。只有在以国防安全和备战为背景的计划经济体制下，政府对资源和工业布局进行指令性控制，才能出现攀枝花这座钢铁之城。

三线建设期间的成绩也不容小觑。1978年，内地和边疆地区工业产值在全国工业总产值中的份额达到36.7%，比1952年的29.2%提高了7.5个百分点。相比之前，中国的生产力分布版图的均衡性更高了。

跳出三线建设来看整个计划经济时期的钢铁工业发展，可以发现，中国的钢铁产业正是在这30年里锻造出了基础的骨骼。1949年，全国钢产量仅15.8万吨，1952年，达到135万吨。经过"一五"计划的发展，到1957年，全国钢产量达到了535万吨。30多年的计划经济时期过去后，到1983年，全国钢产量已经达到4002万吨。

但我们也应看到，把钢铁产业当成国家部委的"生产车间"的做法，令企业几乎不具备自主发展的能力。有人用一段话形象地描述了当时的管理体制："计划国家订，资金国家拨，原料国家供，产品国家收，价格国家定，工资国家发，利润给国家。"

在这种僵化的体制下，产业几乎无法触碰市场的真实需求，跟不上中国经济发展的客观需要。

变革的风暴在计划体制的母体内已经在酝酿。

宝钢样本：从计划经济到市场化改革的演进

1978年12月23日，宝钢正式动工建设，当天是党的十一届三中全会闭幕后的第一天。在中国最大的城市建设钢厂，这与计划经济时代发展内陆腹地的做法大相径庭。新的时代来了，生产力地理分布也迎来了新的周期。

建设宝钢的起因在于中国钢铁工业在技术、装备和管理水平上较世界先进国家有非常大的距离，同时由于产业脱离市场，钢铁生产的品种和质量不适应国民经济发展需要，高难度、高附加值的产品长期依赖进口。因此，引进先进工业设备，建设一两个世界先进水平的钢铁企业，成了迫在眉睫的要求。

上海没有矿产资源优势。但在近代，上海的钢铁工业曾因市场销量大、交通便捷、资金充裕而得以利用外地运来的煤铁矿有所发展。20世纪80年代，作为中国最大的城市，上海的这些优势依然存在。它毗邻市场，利用沿海对外往来的便利性，在这里建设一家达到世界先进水平的钢铁企业，并非不可想象。

而从上海城市发展史的视角看，建成宝钢则体现了新中国成立后上海这座城市对工业的雄心。

自 1958 年起，工业在上海城市规划中的身影愈发显露出来。《上海市 1956—1967 年近期规划草图》《上海市 1958 年城市建设初步规划总图》《关于上海城市总体规划的初步意见》都逐步提出"近郊工业区"和"远郊卫星城"的概念，每个卫星城以某种专业为主，九大近郊工业区主旨更为明确。如桃浦化工工业区、漕河泾地区精密工业区、长桥建材工业区等，皆意在以市区为主体，形成相对独立又有机联系的群体组合城市。1972 年的金山石化总厂、1978 年的宝山钢铁总厂也是在这些规划指导下建设起来的。

宝钢和传统钢铁企业有所区别。其中很明确的一点是，不再遵循"企业办社会"的原则，基建投资完毕之后，交由地方管理。也是在这个过程中，地方化央企与区域也曾出现过平衡与博弈的势头。

钢厂基建往事：从农田到厂房

需建钢厂，冶建先行。宝山月浦一带，平畴沃野的地貌即将发生彻底的改变。

宝钢史志办公室主任、《宝钢日报》原记者张文良 1985 年大学毕业初来宝钢时，住在宝山月浦单身宿舍里，他说："当时的月浦只是一个农村小镇，老街上还有一些明清建筑。"

其 2007 年在宝钢历史陈列馆任职，对宝钢 30 年间的历史做了一次全面而系统的梳理：20 世纪 70 年代末，宝钢工程快速征地，四大冶建单位空降而至——四川的"五冶"、山西"十三冶"、河北的"二十冶",还有建设攀钢的"十九冶"。还有中国人民解放军基建工程兵第二、第三支队来此建设宝钢,高潮时期近六七万人。当时的月浦几乎听不到乡俚村语,人人操着普通话,自给自足地形成一个小社会。

有意思的是,随着这批人的前来,山西的威风锣鼓、四川的闹年锣鼓等鼓种也进入当地,并形成"月浦锣鼓"。此后随着宝钢二、三期建设的展开,四大冶建单位均落户上海。第一、第二期建设中,也出现了早年的"农民上楼"。从1978年开始到1987年年底,宝钢近10年间征地32676亩,其中一期工程征地29016亩,二期工程征地3660亩。征地后大量农民住进月浦的盛桥、马泾桥等地的农民新村。

当时任职上海市民用建筑设计院档案科科长的娄承浩副研究馆员,认为这些新村较当年上海市的统建工房标准更低。宝钢史志办原主任徐宪民则提到这些新村空间上的特殊之处:"第一批农民新村的房子跟职工房的房型不太一样。农民习惯睡大床,房间设计就要适应农民的居住习惯,当时甚至盛桥某些新村的厕所,还是蹲坑。"

此外,符合一定年龄和文化水平条件的农民,还可以进入宝山钢铁总厂的后勤体系;不符合条件的,则由宝钢提供一定的补贴,让农民进入本地劳务公司解决就业。

但随着二、三期的建设推进,宝钢厂区西北角、西南角预留的规划用地与月浦生活区日益临近,最终毗连。如今,月浦德都路较为热闹的商业街离宝钢厂区仅咫尺之遥。几乎与此同步,宝山县老城厢镇即今日宝山城区,也发生了显著的变化。

《宝山县志》卷十二《城乡建设志》中提到:"1978年宝钢在西部建设生活区,镇面积从原0.44平方公里扩大到1.68平方公里,改建拓宽了友谊路,新建团结、牡丹江、密山、盘古、漠河、樟岭、富锦等路,沿市河修筑驳岸,兴建大批居民住宅和配套设施,建设了以牡丹江路为中心的商业街。"

"由于有金山石化总厂的建设先例,宝钢的设计标准比石化厂高。这两个大型工业厂区,建设时间相隔6年,石化厂区与生活区当年靠近海边,仅有绿化隔离带作为分界,但宝钢的厂区和生活区路程较远,干扰和污染相对较小。"娄承浩说。但宝钢和传统钢铁企业之不同在于,不再遵循"企业办社会"的原则,基建投资完毕之后,交由地方管理。

在这个过程中,地方化央企与地方政府出现了平衡和博弈的势头:最初宝钢建设职工配套住房时,宝钢新村中近1/3的住房要交给地方,其间出现过某村通不了水、电的情况,原因就是住房没有兑现。在宝钢一、二期300亿元投资建设费用中,配套项目费用占20亿元。20世纪70年代末至80年代初,宝山城区的道路、商业、居住奠定下未来的格局和走向,城市的肉身开始立体起来。

变化:转轨期的企业和人

宝钢能源介质部的刘必银1983年来到宝钢。他是上海城里人,在家中排行老幺，初来时爸妈打诨他："你去宝山'插队落户'。"

"但宝钢也有优势，这里开了当时上海专车接送职工上下班的先例。它在闸北、虹口、普陀、人民广场都有接驳点。金山石化总厂那时候，职工还只能乘火车去。"晃晃悠悠的小刘们搭着巨龙车，瞄一眼车厢，也没个姑娘的影子。"上班路上有人看书、打瞌睡，下班路上把靠背拆下来，下象棋、打牌，真热闹。"

1991年，刘必银不再早出晚归，他安家了。冬日晚上6点刚过，热闹的友谊路已经行人寥寥，两口子窝在家里，就看宝钢电视台放映的外国警匪片，他说："当时这种片子还很新鲜咧，蛮有味道的。"

1993年，甘菲芳来到宝钢。当时她很奇怪，为什么宝钢是这样的。蕴藻浜横流过境，将宝山分成南北两部。1992年，横跨蕴藻浜、黄浦江交汇口处的吴淞大桥正经历第五次改扩建，它也是宝钢通往市区的咽喉要道。但初来者甘菲芳看到的却是无法连缀成片的各个区块，不间断的农田景观与河道边的蓼花，不禁产生了荒凉的印象。

大学刚毕业的她对鞍钢的情况也很熟悉：当时的鞍钢像香饽饽一般，人们希望进鞍钢而不愿去鞍山的市政单位。钢城里有农场、矿山、医院……

"你要不问，我差不多已经把（宝钢）当初的样子全忘了，变化太大。"此后几年，甘菲芳的生正逢时之感与日俱增：1991年宝钢一、二期建成，隔年由计划经济向市场经济转轨；1993年原"结构工资制"调整为"岗效薪级工资制",基数全厂统一,系数由工龄、岗位决定。

作为硕士毕业生,甘菲芳刚来时工资450元,之后甜头不断,她说:"随着三期建设开始,那几年基数每年都会往上涨,全厂开职代会时总是讨论基数上涨的问题,人人充满了干劲,但后来就停了。"

1998年,宝钢与上海冶金控股(集团)公司、上海梅山(集团)有限公司联合重组。这一年甘姑娘周末想进城逛南京路,发现没3个小时到不了。

"要么就是宝月线过吴淞,换101、106路倒腾好几趟车到人民广场,要么就是走彭浦那条线。"回来时,她还得继续拼命挤公交。尽管现在轨道交通3号线铁力路站出口就是宝钢,但身为宝钢研究院的高级工程师,她已经有了自己的车:"当时还有传说要让'宝钢人均1万美元,每家有一套房,一辆轿车',我们简直想都不敢想。"

"宝龄"在25年以上的职工,大都搬过三次家。在一期工程配套房的"宝钢某村"时,他们大多刚结婚,房子的居住面积多为$20\sim40m^2$,以一室户、两室户为主,没有厅,甚至没有独立厨卫。几年后有了子女,他们又搬到了"宝林某村"。这里的房型更多元化,以两室一厅居多,居住面积从$60\sim90m^2$不等。

等到1998年,较全国住房商品化改革稍早,宝钢的分配住房制度逐渐告一段落,并进行了最后一次职工住房调整,"分配房"变为"福利房",实行住房分配货币化,即"货币分房"。职工购房后,宝钢提供一定数额的住房津贴,职工仅需少量贷款,即可"一手交钱,一手交房"。

改革先锋,给"现代化"祛魅

2013年5月,上海第十七届国际冶金工业展览会暨第五届宝钢学术年会上,徐匡迪院士发表了有关钢铁产业与宏观经济的数据分析,而新日铁住金株式会社顾问黑木启介探讨了新日铁八幡制铁所利用闲置土地并进行社区共建的话题。

国内外大量技术研发人员围绕着材料、冶炼方式、还原技术等,展开细致的分论坛讨论——钢铁不是"傻大黑粗",而是先锋的、敏锐的。即便隔行如隔山,我们仍然能感到钢铁工业的延展性及关联度远超一般想象,广泛又复杂。

而宝钢的建设决议同样占据时代先机,甚至早于1978年党的十一届三中全会。但此后,宝钢也曾经历误解和挫折:1980年,高达128亿元的宝钢一期建设费用及外界的议论,令全国人大代表对冶金工业部提出质询,引出一场宝钢"停缓建"的风波。但100亿元已经投下,建设如何下得了马?1981年,国务院领导亲自来宝钢视察之后,在一份关于宝钢情况的报告上批示:"宝钢一期作为续建项目,不要再犹豫了,请计委早日定下来。"

于是,宝钢由"停缓建"改为"续建"项目。30多年间,它经历了1985年投产，1992年由计划经济向市场经济的转轨，钢铁主业与非钢辅业"主辅分离"的改制转型，以及1998年的"上海地区钢铁企业大联合"。

徐宪民提起了这样一件小事。1986年12月，他负责接待并参加上海市委政策研究室"宝钢现代文明进程考察"课题组，"他们前来专题研究宝钢是如何走出这条现代化道路的。当年中国社会对'现代化'的感觉是很神秘、遥远、高不可攀的。宝钢在搞现代化，工业现代化又是中国四化建设的第一'化'，如果宝钢碰到各种问题能够解决，现代化探索能够成功，那么就等于别的企业也能搞现代化"。

市委政策研究室试图通过研究宝钢，给"现代化"这个词祛魅。

徐宪民还提到："此外，宝钢还要回答一个问题：中国改革开放行不行，尤其是国有企业搞市场经济行不行？20世纪80年代末到90年代初，中国要搞市场经济，作为国有企业的宝钢是否能走出一条具有中国特色的道路？"

从今天的现实来看，宝钢给出了答案。

特约研究员袁菁参与本篇创作，其关注自然、城市与人的问题。

第三章
伟大的改革

1978 后，中国进入了狂飙猛进的 30 年，这也是中国工业化和城市化水平迅速提升的 30 年。

中国取得的成绩有目共睹。到 2010 年，中国的经济总量已超越日本，成为继美国之后的全球第二大经济体。1978—2010 年，中国 GDP 保持了年均 9.9% 的增长速度。中国的人口数量比过去西方国家经济起飞时的人口总和还要多，以如此大的体量实现超高速经济起飞，这在世界经济发展史上前所未有。许多人认为，中国的发展创造了人类历史的奇迹。

1978 年冬天召开的党的十一届三中全会提出，要把全党的工作重点转移到经济建设上来，解放思想，实事求是，团结一致向前看。以十一届三中全会为起点，中国逐步明确了改革开放的基本国策，即通过走市场化改革和对外开放的道路，把中国建设成一个综合国力强大的现代国家。改革和发展从此成了中国的共识，中国对内逐步推进市场化改革，对外则成功地抓住了第三次全球化浪潮的难得机遇，有效地参与国际分工，重新融入了全球经济。

再次打开的国门开启了新的循环周期。如同上一次融入世界的路径一样，历史的魔法棒又一次指向东南。作为计划经济时期的边缘地带，东南沿海也是改革开始的地方。在计划经济时期，国有经济在国民经济中占据绝对地位，1977年工业产出中，国有企业占比77%。正是在国有经济形式最为薄弱的农村和东南沿海的空地上，打破原有的平均主义和开始市场化探索才有可能。

农村的经济改革极大地调动了农民的积极性，此前30年没有解决的吃饭问题在短短数年内解决，由此，农民开始向非农产业大规模转移——这是农业国工业化进程中的必经之路。这些发生在边缘的改革，改变了计划经济时代以来中国生产力的布局，中国的经济发展战略和工业化重心重新回到了东南沿海。

在长三角，出现了以苏南模式为代表的乡镇企业和以温州模式为代表的家族企业。这些地方由于农村推进工业化的尝试，发挥了区域潜在优势，一跃从计划经济时期的边缘地带跻身改革明星。

珠三角的工业化步伐则是以特区经济外贸加工的方式起步的。通过引进外资，发展外向型出口经济，以深圳为代表的一些地方，从一片滩涂发展成了中国最具活力与创新的新兴城市。它们也见证了三资企业里的领先者分享中国发展的红利，成长为世界性巨头的过程。在企业和城市的发展过程中，从农业人口转移而来的庞大的劳动力资源，扮演了难以忽略的角色。

深圳和温州的发展历程，体现了在条件极度贫乏的状况下，在不同所有制形式下，自下而上寻找经济空间的不同答案。正是在不同模式的激烈竞争中，中国经济画出了一条陡峭的增长曲线，并成为世界第二大经济体。光辉和荣耀归功于改革开放。

04

"代工之王"与特区
深圳的制造业升级之路

2020年是深圳经济特区建立40周年。在此之际,中共中央办公厅、国务院办公厅印发了《深圳建设中国特色社会主义先行示范区综合改革试点实施方案(2020—2025年)》。相比表彰与赞誉,官方送出的是一张新的任务单。熟悉深圳历史的人会明白,这可能是更高级别的褒扬——就像此前40年改革开放历程一样,深圳将继续扛起新时代创新大旗,试点建设"中国特色社会主义先行示范区"。

无论是40年前还是40年后,人们都会问,为什么是深圳?
1978年6月,交通部党组委派外事局负责人袁庚赴港,参与招商局的领导工作。1979年1月31日，袁庚向中央领导汇报了他对工业开发区的设想。袁庚希望，申请一片不大的土地，拆解不再运营的旧船只，把废旧金属卖给香港的建筑商。

袁庚提出的设想是一个药方。新中国成立后30年的经济格局中，重工业是国民经济发展的重点。为了发展资金需求量庞大的重化工业，中国不得不扭曲劳动力要素价值，用行政指令替代客观经济规律，这造成了国民经济发展失调。加上10年动荡，到20世纪70年代末期，技术落后、工人农民失业、物资短缺等多重问题凸显，国民经济处于崩溃的边缘。

要建设更为健康的工业体系，也不是没有办法，但在当时的经济体制下，引进国外的资本和技术一要外汇，二有风险。袁庚主导的蛇口工业区很快变成一个试验场。蛇口是中国第一个允许外国直接投资的区域，这使得外国公司在中国内地成立公司成为可能。蛇口打开的外汇渠道以港资为主，不仅相对安全，也足以让中国在经济改革中取得关键性的突破。

先有蛇口，后有深圳。通过在一小块划定的区域内，试验新经济形式与这片土地的适配性，深圳特区诞生了。这是中国最年轻的一线城市，也是一座面向世界的城市。

我们从工业史视角来审视会发现，深圳还是一座依靠工业而崛起的城市。从蛇口工业区开始，工业就成了深圳这座城市发展的命脉。它从代工和"三来一补"（来料加工、来件装配、来样加工和补偿贸易）类劳动密集型产业起步，响应国家宏观政策，大力发展以出口为导向的外向型经济。

富士康正是在这一时期进入深圳的。某种程度上，深圳和作为深圳工业样板的富士康，是改革开放以来中国制造业发展历程的一种注脚——中国最年轻的、制造业最为发达的一线城市和依靠代工起家，最终崛起为世界级制造巨头的三资企业，它们的发展具有共同特性。它们都凭借劳动密集型产业而崛起，靠着"大规模、低成本、低利润、高速度、高效率"崭露头角。

如果将视线拉远，则能看到一幅更为宏观的全球生产力迁徙图景。20世纪80年代，美国—东亚—"亚洲四小龙"的雁阵发展模型阵列，多了一个新的成员，以深圳为代表的中国内地处在这个雁阵的尾部，蛇口工业区开启了世界资本、技术和生产能力向中国迁徙的历史进程。富士康正是对这一模式的彻底贯彻，它追逐更为廉价的劳动力和土地资源，从台湾迁徙到了深圳。

但深圳和富士康都未停下进化的步伐。经过40多年发展，深圳的制造业已不再以劳动密集型产业为主导，深圳所代表的中国"智"造不仅深入嵌套全球分工，承载了众多中低端产业链，而且在自主研发创新能力上也逐渐强势，在一些领域能冲击世界一流水平。

伴随着深圳成长起来的富士康也早已摆脱"劳动密集型"的标签，"工业富联"这艘制造业的航空母舰和智能工厂早已成为技术密集型企业的代表，它的工厂系统已经深入中国中西部内陆腹地。

中国最年轻、最有活力的城市和世界最大的代工巨头之一，它们的成长历程和进化路径里藏着中国崛起的某种必然性。

一个商人的企图心和一座新城市

成立于 1974 年的富士康集团，它的发展壮大和深圳乃至中国改革开放的进程有着深切的联系。身为"全球代工之王"，这家来自中国台湾的企业，确实能为我们理解中国制造及深圳的产业优势带来启发。

富士康的发展经历了台湾—深圳—大陆腹地几个阶段，这种迁徙过程是经济学里雁阵模型的极佳模板，它深刻体现了一家企业为了获得最经济的生产资料而与资本、技术一同在地理空间上迁徙的过程。为了追逐新的成本洼地，迁出本土的生产线又塑造出了新的梯级分工；正是企业和企业家层面的不甘沉沦之心，产业转移浪潮出现，新的城市随之诞生。

正因为富士康的极致成本管控，它崛起并成为"代工之王"；它的辐射范围扩大，也见证了东亚的工业化、城市化进程，以及中国大陆地方政府的工业发展及土地开发冲动。

雁阵现象在东亚的演进

日本经济学家赤松要在 20 世纪 30 年代提出了"雁阵模型"的概念，由于这一模型对东亚的工业化历程颇具解释力，在此后的几十年里被反复提起。

简单来说，雁阵模型可被分成三个阶段。第一阶段，后发经济体设法进口发达经济体的技术，提升自身的工业生产水平，此时后发经济体会大力发展代工行业，以代工品贸易发展本土市场网络。第二阶段，随着生产技术变革，后发经济体的市场供给得到有效改善，大幅提振了人们投资发展的信心，工商业因此蓬勃发展，能够生产进口替代商品的本土工业逐渐产生。第三阶段，随着工商业的成熟，后发经济体相比发达经济体还多了廉价劳动力的优势，所以可以大力发展进口替代的制造业，并通过出口战略赢得海外市场，实现经济的腾飞。

总体而言，雁阵模型刻画的是一种后发经济体的发展策略——通过"代工—培养产业和市场—出口"的路径实现产业升级；在产业升级之后，中低产业链就会转移到更落后的经济体，让它重演上述的发展步骤。区域内不同发展水平的经济体因为这种产业转移现象，形成了头雁引导后雁那样的梯级分工格局，这就是雁阵模型的大致构想。

雁阵模型发展策略曾被日本及"亚洲四小龙"采用，并取得显著的成功。20世纪50年代，日本利用产业政策形成比较优势，通过参与国际分工，实现经济起飞。到了70年代末，日本已经是全球经济增长最快的国家，从二战后的贫弱败国一跃成为世界级的经济明星。

在日本成为当时东亚唯一的发达国家之后，它就像雁阵里的头雁，把落后产业链以投资的方式转移到较落后的其他东亚经济体中。通过政府开发援助（ODA）项目，日本以"经济援助"代替战争赔偿，在东亚大举开拓市场。比如"亚洲四小龙"中的新加坡和韩国，也都与日本签订了赔偿支付、经济开发的协议。通过承接产业链，20世纪60年代开始，"亚洲四小龙"的经济水平快速提高。

雁阵模型的成功，不仅需要经济体层面的政策助推，更需要企业层面的布局和转移。政策塑造了大环境，却不是真正的经济引擎。真正让"雁群"飞起来的，是无数企业追求自我创新、避免淘汰的商业动力。

这种动力，首先来自雁阵模型内部的创新压力。

一个后发经济体要成为一只成功的"大雁"，初期势必要发展大量的代工型产业。然而代工业的门槛相对较低，代工企业的发展上限是比较低的。如果长期停留在代工层面，没有独特的制造优势，这类工厂的产业竞争力只会不增反降，容易被大风大浪击败。

所以最具备竞争意识的代工厂，一定会设法提高自己的创新能力，以避免被淘汰。这类企业最终会形成一定的比较优势，能生产足以替代进口货的本土商品。接下来，这些升级的代工厂就会在其他落后经济体中寻找新的成本洼地，迁出本土的生产线，从而塑造出区域内不同经济体的梯级分工。企业层面的不甘沉沦，在宏观层面上最终就会变成产业转移潮。

1980 年前后的中国内地，恰好承接了中国香港、中国台湾的产业转移潮，并通过这一波机遇逐渐形成强大的内地市场。这个进程包含两个核心要素——一是上一波雁阵效应的受益者，也就是那些成功靠代工做起规模、打算将生产线外迁的企业；二是中国内地的开放区域。这两者虽然属于层次、形式、规模完全不同的实体，但却共享同一套发展规律，也有着非常相似的结构性问题。

甚至可以说，读懂了那些成功的代工企业，也就能读懂深圳乃至中国的发展格局。

"代工之王"的诞生

1974 年，祖籍山西的郭台铭和朋友合伙在台湾开了一家公司，打算接下一笔塑料零件的订单。公司发展起初并不顺利，经营困难，合作的伙伴也纷纷撤资。通过向岳父借钱，郭台铭的"鸿海工业有限公司"才不至于早早夭折。

富士康的前期发展正是台湾地区制造业发展升级的写照。

郭台铭很早就意识到，工业制造的竞争很大程度上是模具的竞争，他发现台湾的模具产业还是小作坊式的业态，很难进行标准化开发生产。模具是工业之母，一个区域的模具产业发展很能反映当地的工业制造能力。郭台铭的发现某种程度上反映了当时台湾的工业制造水平。

郭台铭从地区的弱势入手，决定投身模具产业。他为了改变模具行业的师徒制现状，把创业初期好不容易赚到的第一笔资金投在了模具厂上。通过五六年的艰苦积累，郭台铭的工厂逐渐有了改进模具的工业能力，得以和更大的企业合作，投入塑料精密零件的生产。这为日后富士康的业绩爆发打下了基础。

通过在模具产业里的摸爬滚打，郭台铭掌握了代工企业崛起的秘诀——提升比较优势。在当时的环境下，模具行业的师徒制反映了精研模具技术并不是业内多数人的选择。学徒的职业终点就是下一个小模具厂的老板，然后雇佣、训练下一批新学徒。人人都想做老板，而不是在模具技术上继续深挖下去。在这种业态下，必然产生一大堆良莠不齐的小作坊，难以承接大厂的大单子。在这种大环境下，郭台铭的代工企业如果要赢得长远的发展空间，就不得不以创新手段解决业态的问题。

到20世纪80年代，长期前往日本学习模具制造的郭台铭感受到了电子信息产业的风口，台湾地区因为承接了来自日本、美国的订单需求，信息产业正飞速发展。郭台铭因此将电脑连接器作为企业的发展主场。1985年，鸿海内部进行战略规划研讨，决定在5年内成为世界第一大电脑连接器供应商。也就是在这个时期，郭台铭决定自创品牌。他认为鸿海的工业实力已经足够成为海外客户的供应商，不必再把自己当作大厂的代工厂。"Foxconn"——今天的"富士康"横空出世。

1988年，鸿海的营业额突破2.5亿元人民币，首次提出成为"世界级企业"的目标。同年，鸿海进军中国大陆，在深圳西乡开办了一座100多人的工厂，名为"富士康海洋精密电脑插件厂"。

这座规模不大的工厂以生产电脑、电器的连接器为主,在当年看来未必起眼,却是鸿海跃入下一个时代的第一步棋。

郭台铭在深圳:"看得见的土地我全要了!"

从20世纪80年代开始,中国台湾的经济由于参与世界分工而迅速发展,但这也必然带来人力成本的飞涨。比如到了80年代末,当地基本工资已经超过2500元人民币,但当时中国大陆的工人月薪只有500元左右。巨大的成本差距,自然会让台商迅速注意到改革开放初期的中国大陆。

更为重要的是中国大陆土地广袤,而且缺乏开发。相比之下,台湾的土地价格节节上涨,对于需要扩建厂房、增置设备的企业而言,土地成本实质上压抑了他们继续投资昂贵进口设备的需求。许多台商希望找到新的成本洼地,改革开放初期的中国大陆是潜在的可能选项。

不过在80年代,台商对改革开放仍然持相对观望的态度,只有不多的台商前来探路。郭台铭最初在深圳的投资比较保守,多少反映了当时资方的心态。但在90年代——尤其是邓小平南方谈话以后,台商对大陆的投资信心迅速高涨起来,纷纷增加了在大陆的投资。

1993年,郭台铭看上了邻近深圳市区的龙华镇。有关这位商人的传记里曾描写过戏剧性的一幕——郭台铭振臂一挥,说:"看得见的土地我全要了!"

深圳龙华地理位置优越：一方面毗邻香港这个国际港，便于出口、进口；一方面接近广州这个交通枢纽，便于汇聚广东、四川、湖南、湖北、江西、福建等地的年轻打工者。在龙华科技园建成后，郭台铭常对朋友说："鸿海工厂就像连接广州和深圳的'广深高速公路'，生产线种类既广，技术又深，速度又快。"交通枢纽与产业布局的融合，正是郭台铭选址龙华的原因。

1996年，富士康启用龙华科技园，在这里逐渐发展出一个庞大的综合生产基地，支持包括计算机、游戏机、服务器、主机板、网络配件、光通信组件、液晶显示区、精密模具等工业品的生产。1996—1998年，富士康的产品基本上在台湾设计，然后在大陆和台湾制造，在亚洲其他地区，以及欧洲、北美洲交货。在这段时间里，富士康的销售收入有了巨额的增长。在1995年的时候，富士康的销售额是25亿元新台币（近6亿元人民币），到了1998年，这个数字攀升到了125亿元新台币（接近29亿元人民币）。

本地研发、生产线外迁的模式，显然为富士康这样的企业带来了巨大的财富增长。而对深圳来说，富士康的入驻相当于为这片土地激发了雁阵模型的内生动力。深圳为富士康提供代工产业的劳动力，同时也因为这个庞大的外来产业，训练了大量本身缺乏教育的本地劳工，培养出一批批熟练的产业工人。大量渴望和富士康产业链产生联系的配套性企业也因为这一契机迅速生长起来。而这些充满生机的要素汇总起来，最终会形成活跃的交易网络，为当地带来蓬勃的发展动力。

尤其值得指出的是，富士康非常重视"本地化"。富士康对大陆的员工实施军事化管理模式，但同样也对大陆的管理人员委以重任。管理上的问题，如果大陆的管理者能解决，就不会动用台湾的管理者。台湾的管理者被外派到大陆后，基本上回去也没有位子了，他们非常重要的一项工作，就是训练大陆的新管理人员。日积月累，富士康培养出了一批精明强干的本地化管理者，而这批管理者实质上又成了深圳乃至全中国的人才资产。

雁阵模型之所以是一种有效的发展策略，固然是因为有"头雁"转移产业的驱动力。但如果没有无数不甘于乖乖做代工的"后雁"，"雁阵"无论如何也飞不起来。在深圳大力发展代工产业的浪潮之中，应该有着无数类似青年郭台铭那样充满渴望的眼睛，观察着如何才能发展自己的比较优势，最终打响自己的品牌。这些不甘沉沦的心灵，最终逐渐形成了深圳本土企业创新的种子。

成为"iPhone之城"后的新增长点

2006年，乔布斯把划时代的智能手机iPhone带到翘首以待的人们眼前。当时有媒体报道："来自中国台湾市场的消息称，苹果将于明年上半年推出iPod和手机iPhone，而代工厂商为富士康。"

这是富士康成为"代工之王"的重要节点，它搭上了苹果公司这位移动电子领域绝对主导者的车，实现了从市值到品牌的大跃升。但代工企业对价值洼地的强调，终将因发展而遭遇道德上的拷问。

同样的情况在深圳也会出现。在发展水平逐渐提升后,以"三来一补"起家的深圳,代工产业的未来也成为这座城市的重要问题。

富士康遭遇的拷问

在富士康成立之时,郭台铭曾经面临过一次行业发展的拷问。

后发经济体通过代工产业培养出强大的本土市场,确实能得到显著的提升经济。但由于缺乏核心技术和自有品牌,代工产业容易受制于人,甚至在经济体内部的竞争中也经常吃亏。

这种现象,郭台铭在当初赴日购买机器时就已经留意到。日方会帮台湾地区的小厂家制订生产计划,让它们安心做日本大厂的"卫星厂"。但长此以往,小厂就会缺乏进取心,只能做外销,没有做大做强的可能。

这种现象促使郭台铭深思代工行业的未来。于是他专注企业自身的研发能力,走出了一条自力更生的道路。

但随着富士康在大陆的扩张,由于它对价值洼地的强调和对成本的极端管控,这家公司又遭遇了新一重的困境。也许会有人想起,在iPhone刚刚面世的阶段,富士康和深圳曾经以一种让人担忧的面目共同出现。

2006年6月,英国《星期日邮报》推出一篇影响甚大的报道——《iPhone之城》。这篇报道指出,深圳的富士康龙华工厂拥有20万名员工,人口比英国港口城市纽卡斯尔还多。但这座巨型工厂的员工的生活状况却让人担忧——他们住在被严格管理的宿舍里，而且每天工作 15 个小时。这些工人以女工为主，月收入不足 400 元人民币。这篇报道引起了国内媒体的追踪报道，被视为"血汗工厂"的富士康向其中一家媒体发起了一场索赔额高达 3000 万元的诉讼官司。这场官司更引起了国内媒体的强烈愤怒，在一轮又一轮的口诛笔伐之后，富士康和它起诉的媒体达成了和解。

某种程度上，这场风波隐喻代工经济的风险。媒体对女工产生的同情与愤怒，反映着中国社会平等意识逐渐加强。这正是中国劳动力成本上升、代工经济优势减退的社会背景，是富士康成长之路上必然遭遇的困境。

尤其是对深圳这座在经济上越来越成功、积累起越来越多中等收入群体的城市来说，以代工产业为主的"血汗工厂"，还应不应该是这座城市的重要经济引擎？

通过廉价劳动力赢得比较优势的后发经济体，最终必须选择自己的出路——是继续以出口为命脉，成为"外贸之城"，还是实现增长方式转型，成为"创新之城"？

深圳的创新力

"雁阵"的同构性总会制造出有趣的巧合。正如郭台铭在创业初期不甘心做普通的代工厂，在提升创新能力上下足了苦功，深圳在发展战略上，也从承载国际产业转移转向产业升级、自主创新的路线。

实际上，正是在《iPhone之城》刊出的2006年，深圳本土的民企已经逐步崛起。在2005年，深圳的GDP已经突破4000亿元，超出"十五"规划目标3000亿元33%。在这一年，深圳的进料加工贸易增长开始回落，侧面反映了深圳工业的转型升级，也说明了深圳增长数据的背后，本土民营企业创造价值的能力日益强大。

深圳民企的发展，和先前代工经济为主的阶段有着深层次的联系。代工产业的经验积累，使得深圳的模具、配件、元器件供给非常丰富，涵盖制造链条的上下游。这样一来，科研成果的产品化和商品化在深圳就会变得相当便捷，创新型的企业也就更容易在深圳成长起来。目前，通信产业、计算机产业、软件产业、医药产业的产业链和配套已经在深圳成熟起来。在深圳成长起来的，不仅包括华为、中兴、比亚迪、腾讯等具备自主创新能力的大企业，也有许多具备成长性的中小企业。2014年，福布斯对中国内地城市进行创新能力排行，深圳高居榜首。2016年，深圳国际专利申请量超过1.8万件，连续13年位居中国内地各大中城市之首。

一个非常值得重视的数据，是深圳在科研投入方面的魄力。深圳在研发上存在一个先天劣势，就是缺乏优质的大学群。所以如果考察深圳的研发经费与GDP的关系，会发现深圳的研发经费强度显著低于高校林立的北京。但深圳的创新能力仍然非常强大，因为它的工业企业研发强度远远高于其他城市。比如，2016年深圳全社会研发投入超过 800 亿元，占 GDP 的 4.1%，足足比国内平均水平高 1 倍。

回顾深圳和富士康这两个看似完全不同层面、不同体量、不同形式的存在，它们都遵循着相似的发展规律——把自身作为创新主体，形成比较优势后逐步杀入产业链的高价值环节，最终实现增长方式的转型。在迈向创新型经济的路上，它们曾经赖以成功的代工能力将逐步被剥离，转移到其他渴望繁荣的后发经济实体。

深圳有动力进行产能升级，富士康有动力寻找新的成本洼地，中国众多渴望发展的城市，也想要复制那个"春天的故事"。

一切效应叠加的背后，我们看到富士康在中国的产业园布局越发庞大。1988—2004 年，富士康陆续投资了多个科技园，分布在昆山、深圳、晋城、北京、上海、太原、杭州、烟台等地。2005 年以后，富士康又在武汉、淮安、营口、廊坊等地投资建设生产基地。当然，当初 20 万劳动者在富士康龙华生产的场面，也在另一座内地城市重现了。

到了 2017 年，美媒《华尔街日报》重新提起了"iPhone 之城"，只是报道所指的城市不再是深圳，而是中国的另一座城市——河南省的郑州。就像当初《星期日邮报》用纽卡斯尔对比深圳龙华，《华尔街日报》则写道，郑州工厂拥有约 25 万名工人，员工规模相当于美国威斯康星州麦迪逊的人口总和。

然而，这就意味着深圳发展历程的简单重复吗？

深圳进化背后的中国崛起

2010年7月，富士康郑州分公司正式注册。2017年，全球新生产的iPhone有接近一半产自郑州。据《郑州晚报》报道，2017年郑州全市完成手机出货量2.95亿部，其中智能手机出货量1.47亿部，苹果手机9866.62万部，已成为全球最大的苹果手机生产基地，基本建成"整机+配套+核心零组件"手机产业链。

这是改革开放以来，众多中国城市成功复制深圳早期经验的又一例证。但另一个问题也同时显现——深圳的增长模式是从代工经济过渡到创新型经济，这种转型也能广泛复制到国内的其他城市吗？

2020年，在中美贸易摩擦和产业脱钩的大背景下，不断有传闻称苹果公司考虑将更多生产线搬出中国。与中国大陆发展深度捆绑的富士康，在2015年甚至更早之前，就已经有在印度进行战略布局的试探。郭台铭称，将在印度投资设厂，复制"中国经验"，大量生产iPhone。

这让人有了一个疑问：富士康会继续沿着雁阵模式的演进，继续追逐生产资料的价值洼地，将代工主阵地搬出中国吗？

回答这个问题，需要回到寻找深圳改革开放40多年来体现出的中国工业化模式的关键因素上来。只有深刻认识这些因素，才能理解为什么深圳能一路发展升级，为什么富士康凭借着中国大陆的优势，能够长成全球工业一霸。

中国的真正优势

在综合成本上,虽然中国的用工成本上升,但超大的市场规模和强大的政府能力,可以分别带来两个明显的优势——各项成本被大大压低的供应链网络和完备的基础设施。

中国市场的规模,是中国最为关键的比较优势之一。

亚当·斯密在《国富论》中提出了一个非常经典的论断——分工专业度受到市场范围的限制。如果市场不够大,就很难鼓励人们从事一个非常狭窄的工种——比如专精于某个零配件的生产。在相对小的市场里,专精于狭窄领域的分工,产出的商品根本没有足够的销路。只有足够大的市场,才能保证商家只凭"一枝独秀"的优势,在一个狭窄领域稳定谋生。在巨大的市场中,商家更容易在一些狭窄的分工环节深入发展,这样他们便有可能提升核心优势,降低这个领域的成本。当无数这类高度专业化的商家形成互相配套的网络,这个网络就能把整条产业链的成本大幅压低。

中国市场的庞大规模,非常有利于企业之间形成互相配套的关系,构建出一张张有成本优势的产业网络,分走全世界订单的相当一部分。在媒体的聚光灯外,中国的不少县市拥有世界级的产业"隐形冠军"。它们能够把产业上下游的各环节成本压到极低,从而在全球范围内拥有强大的"抢单"实力。尤其是一些具备庞大产业集聚力的巨头进入一片空白的地区后,更能加快这种供应网络的形成。比如郑州在引进富士康之后,上下游的配套性中小型企业闻风而来，迅速占领"无人区"。几年间，郑州的手机制造供应链迅速成长。即使以富士康为代表的外来资本未来可能改变全球布局，郑州已经形成的供应网络，也能吸引渴望填补巨头生态位的本土企业进入。

中国的政府能力，也是压低综合成本的特殊优势。由于分税制改革，地方政府的多种税收需要上缴中央，中央财政收入有了大幅突破。于是，中央政府逐渐有能力实现大规模基础建设投资及转移支付，能让经济相对落后的地区，拥有超越自身当下发展阶段的基础设施水平，在承接国际产业链时取得一定的环境优势。比如今日遍布全国的高铁网，把一部分人力成本最低的劳动者带进市场，实质上拉平了国内劳动力的成本，部分减轻了人力成本上升带来的问题。中央财政实力的增长，也为稳定全国工商业提供了保障。2020年新冠疫情中，多个国家无法平衡复工和防疫，遭遇经济重创。而中国由于强势有效的防疫能力，经济最早复苏，在恶劣的大环境下保障了工商复产。从长远计，中国的抗风险能力对吸引全球资本而言，也是不可忽视的优势。

分税制带来的另一个深刻变化，是地方政府转向追求土地财政收入。大量财税上缴之后，地方政府有极强的动力寻找新的财政来源。由于土地财政收入能划归地方所有，政府大力鼓励建筑业的发展，以土地资源为基础建立财政体系。这个进程虽然最终带来房价上涨的问题，但也快速振兴了中国许多地区的城市化建设。在土地财政的支持下，道路、水电、住房、医疗卫生、教育等配套能迅速落地，为基建良好的产业园广泛铺开提供了基础。不少地方政府因为土地财政，有财力在短期内为招商引资扫清大量客观障碍，提供良好的投资环境。然而，土地财政也会带来众多经济结构和社会分配上的危机，今日中央坚定"房住不炒"，正显示对老模式踩刹车的态度。

相较于其他经济体，中国确实在争夺全球产业链条的竞赛中具备一定的独特优势。

"特区不特"启示录

在维系、巩固上述优势的同时，中国还有第三个非常特别的优势需要深入挖掘。

这项优势，就是社会上下对"发展"的共识。这一优势曾经在深圳筚路蓝缕的40多年中多次体现。

深圳的发展从来就不是一帆风顺的。经济特区成立以来，就遭遇过众多质疑、唱衰与反对，这些阻力实打实地挡在深圳的前头，是一道道必须迈过去的坎。

20世纪80年代深圳经济特区创立之初，围绕经济特区的争论焦点，在于姓"社"还是姓"资"。邓小平坚定了特区的发展方向。经过后来20多年埋头苦干的实践，特区逐渐证明了自己的价值——让中国在开放的过程中调节自身原有的管理能力和体制，是有效的改革设计而非结构性的错误。迈入21世纪之后，质疑特区"姓什么"的声音基本不存在了。

到了 20 世纪 90 年代中国市场经济体制初步建立的时候，特区经验复制到全国，特区的功能是否应该保留，就成为新的争议。

当时，国内出现了特区还要不要"特"的争论，且一度甚嚣尘上。当时的深圳市委书记厉有为甚至就冲在这场争论的最前线。后来，江泽民代表中共中央和国务院重申："那种认为在全国形成全方位对外开放格局的新形势下，经济特区的地位和作用可以削弱甚至逐步消失的看法，是不对的。"定调"毫无疑义特区还要'特'"，但与此同时"原来主要靠实行一些优惠政策和灵活措施而形成的特区的一些特色，自然要有所变化"。在这种背景下，深圳结束了"特不特"的争论，把率先进行制度创新视为新的竞争优势。这也是后来深圳大力深化改革，调整经济结构，发展人才政策的原因。

进入 21 世纪，随着长三角经济带的崛起，深圳有过一波企业总部迁沪的浪潮。热爱深圳的新深圳人们不甘沉沦，民间陆续抛出"深圳，你被谁抛弃""珠三角失掉竞争力了吗"等争鸣篇章，指出深圳的成功之道，大力呼吁深圳人抖擞信心，找到深圳乃至珠三角新的经济突破口。在这些文章所擘画的愿景中，已经隐约有了今日"大湾区"的格局。

回顾深圳与各种"唱衰"潮流对抗的过程，似乎能梳理出一条精神秩序上的脉络——从国家领导人到地方官员，再到民间，所有人的心都凝聚在向前发展的意志上。虽然由于意志主体的身份不同、思考角度不同，观念的形态有时是集体主义性的，有时是个人主义性的,不一定交叠在相同的现实目标中,但是,人心的方向确实能产生现实的作用力。国家自上而下的、对深圳特区之"特"的强调,本身就是一种具有根本方向性意义的价值承诺——向前看、大胆闯。

深圳民间对这一价值承诺的呼应与守护,则建立起了自下而上的、把"发展价值观"转化为城市共同体叙事的公共舆论氛围。这种上下相向而行的发展共识,正是深圳一次次战胜"唱衰"的精神力量,也酝酿了深圳孵化出众多优秀本土企业的社会氛围。

发展共识和对进步的渴望,驱动中国的崛起

深圳的这种发展价值观也是中国社会发展共识的一个缩影。

这一向往社会往前走的共识,如果能在社会上下的合力中发育为民族性的精神秩序,那么在国际舞台的竞逐中,"中国人"这种文化认知一定会像中国庞大的市场规模一样,成为独一无二的竞争力。

中国的众多产业竞争对手,几乎无一例外无法为国民带来清晰的战略判断,像"春天的故事"那样透露个体命运的发展方向。

而中国也许可以成为那个例外——民族精神自觉更成熟的例外。这种优势不见得像人力成本这么"明买明卖",但却深远地决定着一个共同体内部的经济活力——因为经济的基本单位,是每个渴望创造价值、交换价值、追求幸福的个体。

东亚"雁阵"显现了这片区域梯级分工的恢宏气象,"雁阵"

内在的精神秩序，落脚在郭台铭这样的创业者身上。创业者的精神，从不是等卡拿要、等着天上砸下"大礼包"，而是审时度势，自己干出一片新天地。正因如此，创业者自身的精神秩序，才得以外化为有竞争力的企业。企业开拓市场的逻辑，塑造整片区域的经济地貌。

从这个意义上讲，也能理解为什么深圳特区成立40周年之际，中央给深圳的不是庞大的投资项目，而是一份期望深圳在诸多方面探索经验的任务表。因为深圳的使命，从一开始就是以一座城市的身份，扮演中国这个格局中独一无二的"创业者"角色。学习深圳早期的进口替代战略来快速发展区域经济，是相对简单的；但如何适应当下全球竞争，为中国后发城市提供新的思路与突破口，完成深化改革的宏伟目标，这个问题，正有待作为"中国特色社会主义先行示范区"的深圳，为全国交出新的答案。

再回到富士康是否会离开中国这个命题，中国庞大的市场规模和稳定的秩序，以及高效的政治、经济运行网络，决定了任何一个经济组织都无法忽视它的重要性。它的价值不再只是生产者的价值，作为智力资源和市场资源、创新资源的重要提供者，它已成为生产组织者难以放弃的存在。

本篇创作者特约研究员余骏扬，其关注区域发展和城市格局变迁。

05

温州的奇迹与困境
草根式崛起和产业空心化反思

  温州是我国市场化改革的起源地,也是国内民营经济发展最为成熟的城市之一。改革开放以来,温州通过率先推进民营化和市场化改革,促进工业化与城市化,在我国经济社会转型过程中起到了示范作用,并创造了多个全国"第一",如第一家个体工商户、第一家股份合作企业、第一个农民城等。

  20世纪80年代中期,温州的快速崛起引起了社会各界的广泛关注,许多政府领导和专家学者纷纷对温州这种以民营经济为代表、"自下而上"的市场化推动的区域发展模式进行探讨,并将其总结为"温州模式"。

然而，随着改革开放的持续推进，全国各地民营经济开始蓬勃发展。温州原来先发的制度创新优势逐渐弱化，"边缘化"的区位劣势日益凸显，导致区域经济增速不断放缓。

特别是进入 21 世纪之后，温州又出现企业外迁、人才外流、劳动力成本上升、创新能力不足、民间金融危机等一系列问题，使得温州经济发展面临严峻的挑战。这不禁让人产生怀疑：温州模式是否已经过时？未来温州模式又将何去何从？

2020 年年末党的十九届五中全会审议通过的《中共中央关于制定国民经济和社会发展第十四个五年规划和二〇三五年远景目标的建议》中明确提出：要"保持制造业比重基本稳定"，这是在制定国民经济和社会发展五年规划的建议中首次就制造业比重问题提出要求。

某种程度上，这可能是新的国际国内形势下中央对各地"产业空心化"现象的警示。中美贸易摩擦和新冠疫情暴发以来，世界大国对重振国内制造业的呼声不断，无论是一个国家还是一个城市，制造业的稳定发展对维系竞争力都意义重大，而这成为我们回看温州的新契机。

一个在改革开放进程中靠工业和商贸崛起的城市，在发展进程里为何会面临困境？又要如何重塑制造业，培育新动能？这就是当下审视温州的现实意义。

温州模式的崛起之路

历史上，温州的工商业就很发达，南宋时期造船、造纸、陶瓷、雕刻、刺绣、漆器、皮革、制伞、纺织等行业都闻名全国，是当时重要的港口城市和贸易中心。清光绪年间，温州被辟为对外通商口岸，在西方资本主义入侵的刺激下，民族工商业开始起步，逐渐形成棉织、肥皂、火柴、锯板、印刷、机械、乳品、陶瓷等近代工业。然而好景不长，抗战期间，温州三次沦陷，工商业纷纷倒闭，工人大批失业，经济严重衰退。新中国成立之后，由于温州所处位置面对台湾地区，地处前线，国家对当地投资非常少，再加上"文革"等政治错误的干扰和破坏，温州经济发展速度较为缓慢。但是值得一提的是，在这一时期，温州农村地区已经出现社队企业、挂户经营等民营经济的萌芽。

改革开放之后，当其他城市还处于计划经济与国有企业主导的情况下时，区位、资源、技术等各方面都不具备优势的温州通过率先推进民营化和市场化改革，进入区域经济快速崛起的新时期。20世纪80年代，温州农村地区涌现出大量的家庭作坊，采取前店后厂式的经营方式，生产计划经济时期市场短缺的五金电器、纽扣、商标等小商品，并通过分工协作，形成具有特色的专业化产业区。

温州模式的概念最早是由《解放日报》记者桑晋泉提出的。他在1985年的文章《乡镇工业看苏南，家庭工业看浙南——温州33万人从事家庭工业》中，将温州模式的特点概括为"以生产小商品为主，靠农民供销员和农村集市购销搞活流通渠道，靠一大批能工巧匠和贸易能手开辟致富门路"。当时，温州已经出现桥头纽扣、柳市五金电器、宜山再生纺织品、萧江塑编、仙绛塑革等十大专业市场。

著名社会学家费孝通曾3次造访温州，将温州模式形象地概括为"以商带工的'小商品、大市场'"，认为其价值在于"形成了一个民间自发的遍及全国的小商品大市场，直接在生产者和消费者之间建立起了一个无孔不入的流通网络"。

事实上，温州模式并非中国独有。在英国、意大利等发达国家及许多发展中国家，同样可以发现相似的发展模式。19世纪末，英国经济学家马歇尔发现兰开郡、西约克郡等地存在专业化产业区的现象，这些地方集聚了大量家庭作坊式的中小企业，它们基于同一产品进行广泛的分工合作，形成可以与垂直一体化的大企业相匹敌的本地生产系统。

马歇尔认为，这种模式的优势就是通过中小企业集群获得集聚经济效应，比如降低企业之间的交易成本，通过本地化学习获得知识溢出，共享投入品市场和劳动力市场等。从本质上看，温州模式的核心特征包括由中小企业组成的本地生产网络、关系紧密的社会网络、根植于地域文化的企业家精神等，与马歇尔式产业区非常相似。

但是，由于经济社会发展条件的差异，温州模式的出现比西方国家晚了 100 多年。而且,与英国、意大利等西方国家的产业区模式不同,温州产业区的起源发生在中国从计划经济向市场经济转轨的制度环境之中,因此也有其自身的独特性。

正如史晋川教授等在《温州模式研究:回顾与展望》一文中所述:"'温州模式'的主要特点在于,利用在体制外进行改革的先发优势,率先推进了经济的民营化和市场化,同时造成了一种区域性的经济体制的落差,并且借助经济体制落差的'势能',迅速地推动了工业化和城市化的进程,形成了以多种所有制经济和小城镇建设为特色的区域经济发展模式。"

因此,温州模式不仅是一个区域经济发展的模式,更重要的,还是一个区域经济制度变迁的模式。温州模式的崛起很大程度上是因为当时政府"无为"所创造出的宽松的制度环境,让本来区位条件不佳的温州获得了先发优势,形成了在"短缺经济"的环境中具有竞争优势的专业化产业区。

遭遇困境:利润"薄如刀片"

回顾温州改革开放以来的民营经济发展史,正是一大批小微民营企业在高度市场化的环境下,敢为天下之先,才造就了温州的奇迹。

1990—2000 年,温州凭借当地的皮鞋、打火机、眼镜和服装产业,逐渐在全国叫响了"温州制造"的名声。这也是温州奇迹爆发的 10 年。在此期间，温州 GDP 增长了 9.8 倍，GDP 排名在全国地级以上城市中居第 25 位。

但 21 世纪之后，在相当长的时间里，人们对温州的印象却逐渐与"炒房团"与工厂倒闭潮联系在一起。尤其是在 2008 年，这里的民营企业步履维艰，大量资金脱实向虚，涌入房地产行业，民间借贷问题频出。根据当时的国家统计局数据，2011 年 2 月温州二手住宅定基价格指数为 109.6，超过了一线城市北京、上海和深圳。

当时有媒体统计了温州打火机产业的生存境况。2010 年，温州市瓯海区的打火机相关企业数量从鼎盛时期的 500 多家跌到 100 多家，"这 100 多家中仅 1/3 在专心经营，其他人已将重心转移到房地产、矿产和第三产业"。它反映了企业的利润不再用于扩大再生产，回流到实体经济的极少，多数资金变成了热钱，流向房地产、创投等领域。

打火机行业不过是当时温州中小微制造业际遇的一个缩影，同样的情况还出现在了鞋革、灯具、纽扣、服装等行业。大量企业或者迁出当地，或者利润流向非实业。作为民营经济最发达的地区，温州可以称得上是我国民营经济发展的晴雨表。温州民营企业的遭遇，某种程度上反映了中国民营企业的生存之困。

由于劳动力、土地和资源环境成本上升，传统产业的利润明显被削薄，当地曾经的优势产业企业主称其净利润率只有 1%～3%，"利润薄如刀片"。而正是稀薄的利润，让逐利的民间资本加快逃离制造业,加剧了当地的"产业空心化"趋势。大量的民资投身房地产、股市和矿场、创投等领域,这些资金成了追风口的热钱。

经济学家厉以宁对民间资本逃离实体经济的判断是,因为市场部分领域限制进入,才让资本流向了资产市场,"要引导民营经济到国内最需要发展的领域,需解决诸多障碍。体制上的障碍就是要解决公平竞争和市场准入问题"。某种意义上,温州的困境可能也反映了中国改革开放进一步深入的必要性。

随着温州经济增速放缓,产业结构升级缓慢,又出现大量企业外迁、人才外流、企业倒闭、民间借贷危机等问题,社会各界开始对温州模式的发展前景产生怀疑。史晋川教授在2000年年初就曾预言,温州模式将会在25～30年之后消失。

张仁寿、马津龙等温州本土的经济学者则认为,温州面临制度创新趋于式微的问题。事实上,温州模式面临发展困境,主要是区域制度创新优势的弱化,以及中国整体经济的发展转型,使得原来处于边缘的区位劣势又重新凸显。当前,随着改革开放的不断深入,我国经济发展进入创新驱动的新阶段,全球化与区域经济一体化的趋势不断增强,城市之间的竞争主要取决于是否能够吸引资本、技术与人才等高级生产要素,形成持续不断的创新能力。在制度环境不断趋同的条件下,温州与长三角区域的其他城市相比,并不具备优势,这很大程度上是因为温州区位条件的先天不足与温州模式主导下的城市功能发展滞后。

首先，从区位条件来看，温州位于浙江东南部沿海的多山地区，对外交通联系不便，先天不具地理优势。但是在计划经济时期，这种偏远的区位条件反倒成为优势，"天高皇帝远"，政府管制比较宽松，曾为民营经济的崛起提供重要条件。但是等到市场化改革持续推进，以上海为龙头的长三角区域经济整体崛起之后，温州开始不断被边缘化，难以获得上海、杭州等大城市的辐射。再加上温州又不能再继续进行深化改革，地处区域边缘的区位劣势便日趋明显。

其次，从自然资源来看，温州的地形条件使得土地资源短缺，不利于大规模发展工业与开展城市建设。随着产业区内企业数量的持续增长和规模的不断扩张，发展空间不足成为企业成长的制约因素。而且，土地资源的短缺使得工业用地成本过高，这也是许多企业外迁的主要原因之一。

再次，从城市功能来看，温州的城市化远远滞后于工业化，无法支撑产业的转型升级。这主要是因为温州模式起源于农村工业化，经济的发展动力主要来自外围的专业化产业区，而城市功能因为政府的"无为"而发展滞后，所以出现"弱中心化"的现象。如今中心城区的服务功能不足，自然难以集聚人才、技术等高级生产要素，因此成为产业区升级的制约因素。

对比来看，同样位于长三角区域的苏州由于较好的区位条件，在经济全球化的背景下抓住机遇，通过积极地吸引外资，成功地从原来乡镇集体经济主导的发展模式，转型为外资驱动的卫星平台式产业区，融入跨国公司的全球生产网络。苏州之所以成功转型，很大程度上是因为临近上海，较容易获得区域中心城市的资本、技术和人才溢出。同时，政府城市环境营造、招商引资等方面的积极作为，也是很重要的因素。

如何超越温州模式

温州模式的变迁是我国改革开放以来市场经济发展的一个缩影，在制度变迁与区域经济发展方面具有重要的样本意义。回顾温州模式的崛起，其成功的关键主要依赖于三方面因素。

一是根植于地方文化的企业家精神。在永嘉学派"功利主义"的影响下，温州产业区内弥漫着积极进取的创业文化，"宁为鸡头、不为凤尾"的观念深入人心。在市场化改革初期，温州人凭借敏锐的市场嗅觉与大胆进取的精神，抓住短缺经济时期的"市场空隙"，建立起柔性的、专业化的本地生产网络，同时又有"十万供销大军"在外开拓市场，将产品销往全国各地。

二是基于"三缘"关系形成的社会网络。基于血缘、亲缘、地缘关系建立的信任机制，是温州模式崛起的另一关键因素。本地的生产网络深深地嵌于社会网络之中，企业之间交易通常不需要正式契约，只需要口头协议。发达的民间金融体系也是基于这种信任机制。同时，温州人还将这种社会网络不断复制到世界各地，如北京的浙江村、意大利的普拉托服装产业区等都是典型的例子。

三是政府"无为而治"营造宽松的制度环境。在市场化改革初期,当地政府采取比较宽容的态度,默许民营企业的发展,使温州经济迸发出巨大的发展动力。在民营经济起步之后,政府又不为各种争论和非议所惧,积极鼓励、支持、引导民营经济,使得产业区的集聚经济效应不断增强。正是在这种宽松的制度环境中,温州克服了区位条件上的劣势,温州模式出现了。

随着宏观经济环境的变化,温州模式也在不断地演化,主要体现在产业组织变革、技术创新升级、空间尺度扩张、政府功能转变等方面。温州模式所面临的困境并不能阻挡本地民营企业的持续成长。当企业的发展受到本地环境的制约时,就会通过空间上的迁移扩张,在更大空间范围内进行资源优化配置,同时也促使温州模式的内涵发生变化。

首先,随着龙头企业的成长,产业区的组织结构开始由中小企业主导的马歇尔式产业区转变为由企业集团主导的轮轴式产业区。例如,乐清的低压电器产业区在20世纪90年代中期出现了企业集团化的浪潮,正泰、德力西等大型企业集团成为产业区的领导者,在推动产业区技术创新、组织变革等方面起到了重要作用。温州民营企业的成长一定程度上也代表了中国民营企业的发展路径——从20世纪80年代的家庭作坊到90年代初的股份合作企业,再通过兼并重组成为无区域企业集团,进一步成为上市公司和跨国公司。如今这些大企业不再局限于原来的产业区,在大规模地空间扩张之后,成长为多元化的无区域企业集团,而产业区只是作为企业集团发展战略中的一个支点。

其次，原来中小企业主导的技术模仿模式逐渐转变为企业集团主导的研发创新模式。20世纪80年代，产业区内的中小企业主要是靠模仿生产一些低技术含量的小商品，而且由于制度不规范，还出现过大量的假冒伪劣产品。然而，随着企业的不断成长与市场竞争愈加激烈，企业集团开始更加注重技术创新，纷纷设立研发中心，通过与外部的大学、科研机构进行产学研合作，提升技术能力。例如，正泰集团在硅谷、上海等地设立了研发中心来促进技术升级，同时又在杭州设立了新能源事业部，向太阳能领域转型升级。

再次，在经济全球化的背景下，企业的市场不再限于国内，而是开始嵌入全球生产网络，并出现大量的跨国投资。在中国加入世界贸易组织（WTO）之后，许多服装企业、制鞋企业开始为国际品牌代工，通过流程升级、产品升级和功能升级，不断向全球价值链高端环节攀升。也有一些企业采取跨国并购的策略，收购国外知名品牌，提升企业的国际影响力。在"一带一路"倡议的战略引领下，更多的温州企业开始走出去。目前，温州已经在外投资设立了俄罗斯乌苏里斯克境外经贸合作区、越南龙江工业园、乌兹别克斯坦盛江工业园3个国家级境外经贸合作区。

最后，政府也在变得更加积极"有为"，通过营造更好的发展环境来促进产业与城市的转型升级。为了弥补城市功能的不足，政府通过优化市域空间结构，强化交通与城市基础设施建设，加快生产性服务业、商业与人才的集聚，提升中心城区的服务功能。在产业空间方面，通过填海围垦、建设产业园区、打造创新平台等举措，不断拓展和优化产业发展空间，加快传统产业升级与高新技术产业培育。同时，还通过打造时尚、健康、旅游等特色小镇，培育文化创意与旅游等新兴产业，促进产业升级与产城融合发展。

新形势下的反思与前行

温州模式作为我国市场化改革的产物，在市场化初级阶段创造了温州奇迹。但是，随着市场化改革的深入和经济发展模式的转型，我们需要重新审视温州模式的价值。

在全球化与知识经济的时代背景下，创新成为城市发展的主要驱动力，城市之间的竞争更多的是资本、技术与人才等高级生产要素之间的竞争。因此，未来温州的发展需要超越传统的温州模式，在改革开放的新浪潮中塑造新的竞争优势。

首先，企业家精神要从传统的草根创业精神向熊彼特式的创新精神转变。近年来，由于传统制造业生产成本上升，许多企业开始转向房地产、矿产资源等领域，实体经济出现"空心化"的趋势。特别是2008年国际金融危机之后，出现民间借贷危机、大量企业破产倒闭等现象。在新的发展时期，传统民营企业依靠低成本竞争和"赚快钱"的经营方式已经不可持续。企业家要打破传统思维方式的路径依赖，更加重视创新的作用，不断加快传统产业升级，并开拓新兴产业领域，塑造企业与产业可持续的发展动力。

其次，社会网络要更加强调本地网络与外部网络之间的互动。基于本地"三缘"关系的社会网络会导致地方制度与文化层面的"僵化"，外部的企业与人才难以融入本地网络，最终产生"锁定"效应。创新需要更加开放的环境与多元化的网络联系，一方面要发挥本地龙头企业的技术创新领导作用，另一方面要增强与外部企业、大学、研究机构之间的联系，构建开放式的创新网络。温州企业之所以在外地呈现出更好的发展趋势，正是因为打破了原来的本地网络"锁定"，在更加开放的环境中获得成长的机会。

再次，地方政府要更加积极"有为"，并且要"有所为，有所不为"。知识经济时代，技术、人才等高级生产要素的集聚很大程度上要依靠政府营造好的城市环境才能实现。地方政府要扮演好公共产品供给者的角色，加强公共基础设施建设，提升公共服务水平，营造更好的宜居环境来吸引高端人才。在制度创新方面，地方政府需要在资本、土地等要素市场方面积极向中央争取新的政策试点来进行地方性的试验，创造出新的地方制度改革优势。同时，也要进一步优化营商环境，加大对外资企业的吸引力度，积极吸引在外温州企业回流，并减少市场准入限制与对企业经营的干预，营造良好的创业与创新环境。

值得一提的是，在新的历史背景下，制造业作为大国竞争的基石，在国民经济发展中的重要性再度凸显出来。过早过分地去工业化甚至被当成负面案例来警示："一些国家之所以出现收入差距拉大、传统产业衰落、蓝领失业增多等矛盾，正是因为实体经济衰败、产业空心化。"[1] 在这样的背景下，温州提"振兴实体经济"，突然又有了新的时代内涵。

温州市政府也提出"以经济建设为中心，以振兴实体经济为首要任务"，招商引资成了当地的一号工程。为了解决工业用地不足问题，政府开辟海涂围垦，进行低效用地再开发，破解发展空间制约。创新被温州地方政府视为转型发展的首要战略。为抓住新一代信息技术带来的发展机会，增强实体经济的活力，当地大力引进新兴产业。一批高新技术产业、装备制造业和战略性新兴产业落户温州。目前来看，为解决产业空心化之困，地方政府正在努力塑造新的竞争优势，使温州的竞争力从低成本竞争，向创新与营商环境层面发展。

展望未来，随着我国经济发展进一步向后工业化时代迈进，城市之间的竞争越来越多地体现在创新、创意人才与城市宜居环境的竞争。在工业化时代，"七山二水一分田"的地形制约了温州的发展；但是在后工业化时代，知识经济与创意经济将起到主导作用，丰富的山水自然资源与深厚的历史文化会成为重要的战略优势资源。政府应提前进行战略规划与布局，充分挖掘本地的

---

[1] 一定要把我国实体经济搞上去. 人民日报 [EB/OL]. （2019-9-20）.http://opinion.people.com.cn/n1/2019/0920/c1003-31363131.html.

自然与人文资源，营造山水人文交融的城市环境与开放包容的文化环境，吸引创新与创意人才集聚。

温州模式的生命力在于源源不断的民间自发力量所产生的强大创新能力，相信当前温州面临的困境只是暂时的，只要政府与市场能够形成合力，继续发挥企业家精神与更为广阔的社会网络优势，汇聚各路创新与创意人才，在不久的将来，温州模式一定会再创辉煌。

本篇部分录自《城市中国》杂志2018年第83期刊登的文章《反思与超越——"温州模式"价值的再探索》。经作者王周杨授权后引用，有增删。

第四章
中国创新力

2010年,从制造业产值方面衡量,中国首次超越美国成为世界第一制造大国。对于100多年的中国现代化进程而言,这是一个具有重要节点意义的时刻。中国作为落后的农业国被迫打开国门,拥抱工业化,最终实现了赶超。

此前几十年里,中国的工业化道路不乏向外部世界模仿和学习的色彩。正是依循先进工业国的经验,大力发展出口导向的外向型经济,中国实现了增长奇迹。但2008年美国爆发次贷危机,引发全球金融地震,高度依赖外部市场的外向型经济风险暴露无遗,中国也意识到高对外依存度经济的脆弱性。对规模和体量如中国这样的大国而言,此后的10年是向内挖掘经济增长动力的10年。

国内经济在不同领域的确涌现出了具有原创性的创新力。最明显的是互联网、新科技和新品牌的崛起。

有人将中国的高铁、网购、移动支付和共享单车称为"新四大发明",它指向的是在以互联网经济为代表的一些领域,中国正在扮演模式输出者的角色。从"copy to China"(复制到中国)到"copy from China"(从中国复制),中国无疑正和美国一道,引领上一轮的互联网应用创新浪潮。

这股力量在地理空间上的表现也颇为引人注目。浙江杭州的余杭区和广东深圳的南山区这两个区级行政单位此前并不广为人知，但因为中国最大的两家互联网公司阿里巴巴和腾讯，这两个地方一跃成为新经济的中心。余杭与南山的崛起，体现了高新技术产业在塑造新型产业价值链条中的惊人影响力。虚拟的生产关系因为强大的链接性，让这些公司具备强大的资源调动能力，阿里和腾讯这两家平台公司也经历了从消费互联网向产业互联网的转变。新科技正试图为中国制造业的升级提供新动能。

但数字技术也带来了负外部性，新科技与制造业之间存在巨大的行业悬殊，两者的结合始终需要磨合。

一方面，当新科技和它背后的资本如同暴风骤雨涌入一个与制造业相关的领域时，互联网式的狂热和失序可能会对制造业带来致命的打击。共享单车模式对自行车制造小镇天津王庆坨的影响，可能是典型的案例。

当共享单车大火时，单车制造厂商和自行车生产基地突然成了香饽饽，被资本和互联网新贵们争相追捧，这些产地也因此实现了产能极速扩张。但一夜之间，补贴消失，过热的商业模式回归理性。骤然崛起的"独角兽"们突然被打回原形，制造厂商们的产能无人接盘，单车小镇也被迫承受惨痛损失。

另一方面，数字技术所具备的资源调度能力也可能会形成某种垄断，挤压实体经济的发展空间。2020年年底，这一问题因阿里旗下的蚂蚁金服而引爆，最终引发了国家政策对互联网平台公司垄断行为的监管。

但互联网科技的影响始终是一体两面的。在反垄断的浪潮里，我们也不能无视它对中国创新发挥的重要作用。某种程度上，这一时期涌现的新国货品牌浪潮就是新科技与中国制造相结合的产物。得益于超大规模市场和此前形成的工业体系，依托蓬勃发展的互联网平台，中国原创的新消费品牌突然具备了站在舞台中央的可能性。

从这 10 年里舆论对新科技公司的态度变化里能找到这样一条线索：新科技只有被引导到利国利民的轨道上来，趋其利、避其害，才能实现更长远的发展。

06

余杭南山启示录
平台经济的崛起与外部效应

"双11"是阿里巴巴最重要的日子,但2020年的"双11"购物节或将成为这家公司最灰暗与慌张的一届。

蚂蚁科技在其上市前一天宣布,因"监管环境发生重大变化"将暂缓IPO(首次公开募股)。

一场针对互联网平台经济的反垄断浪潮拉开序幕,资本市场应声下跌。2天之内,港交所排行前五的互联网公司市值跌去了2万亿港元(约1.68万亿人民币),而2019年中国全年的GDP为99万亿元人民币。当最热的地方开始飘雪,冬天才真的来了,至此,限制资本与平台扩张成为不争的共识。

在并不遥远的过去,这些被反对的平台巨头们曾被视作创新的典范,它们中的佼佼者阿里巴巴与腾讯被称为数字抗疫的中坚,也是中国应对疫情时的数字基础设施。

转变是如何发生的?

回看20年,平台公司的崛起有迹可循。依靠人口与政策的红利,互联网经济经过十余年的蛰伏,在21世纪的第二个10年里迸发出的活力不逊于美国的脸书(Facebook)、亚马逊(Amazon)等巨头。这种创新的力量在一些时候甚至具备了反向输出的能力。阿里巴巴和腾讯是互联网平台经济模式的典型代表,由于平台经济的强大影响力,这两家公司所在的杭州余杭区和深圳南山区一时声名鹊起,从原来不知名的区级行政单位变为数字经济的中心。

从通过数字技术连接消费者到用数字技术改造传统产业,数字巨头的脚步并未止步于消费互联网,它们雄心勃勃,制定了进军产业的计划和目标。以阿里和腾讯为代表的平台公司们开发的智慧城市和人工智能技术开始在诸多工厂和车间应用。它们凭借庞大的用户优势,为中国的数字基础设施建设做出了重要贡献。新冠疫情到来时,这些平台企业的数字化能力曾经是中国抗疫的重要支撑。

而从中国的工业发展视角看,中国用40年的时间从世界最贫困的国家之一跃身全球第二大经济体,是人类经济史上绝无仅有的奇迹,即使中国自身也难以重现。凭借廉价劳动力与资源及环境高消耗式的成长已不可持续,中国制造要想实现跨越式发展,变量是互联网平台公司所代表的数字经济。

数字基础设施和数字霸权，或许只是互联网平台经济外部性中的两个侧面。当平台公司凭借数据优势对其他商业模式或竞争对手形成不合理的绞杀，并在存量竞争的背景下触碰到了社会公平这条红线时，它也在一夜之间从创新的生力军变成了反垄断的对象。

21世纪第二个10年崛起的新经济代表，在这个10年行将结束之际，遭遇了来自官方和民间的如潮恶评。这仿佛是一个轮回，我们能从中看到一条红线被隐约画了出来——新的生产方式要以社会整体能接受的方式改造旧有产业，才能被原有的生产关系所接受。

就某种程度而言，从此，新科技对传统产业的改造多了种种掣肘。在大国竞争的背景下，国内实业和科技新势力之间的微妙角力露出了峥嵘景象，它的影响也许需要更长时间才能看清。

数字巨头在中国诞生的土壤

2016年7月，美国社交平台脸书市值超越股神巴菲特创办的伯克希尔哈撒韦，世界市值最高的5家公司中第一次没有了石油公司、金融公司、工业公司和零售公司，互联网平台型公司站在了权力的顶峰。

1年多后的2017年11月21日，中国的互联网公司腾讯市值超过4万亿港元，超越脸书成为全球市值最大公司第五名。当年全球市值排名最高的公司有苹果、谷歌、微软、亚马逊、腾讯、脸书、阿里巴巴等，非科技与互联网类别的公司被甩在了后面。

这组数据变化，反映了互联网平台型公司在全球的全面崛起，还凸显了另一个重要事实——中国企业第一次与世界最先进国家的科技巨头站到了同一起跑线上。中国有史以来市值最大的两家企业，成立不到20年即成功登顶，这的确是令人咋舌的速度。

正是因为以腾讯与阿里为代表的超级互联网平台公司的影响力，深圳的南山区和杭州的余杭区也一跃成为信息数字经济的中心。南山区被誉为"中国硅谷"，深圳经济的创新动力引擎；余杭区则借信息经济发展的强劲势头弯道超车，在近年的全国百强区排名中俨然成为长三角的领头羊。

当然，腾讯和阿里的崛起也不只是两家公司的崛起，背后有整个中国互联网平台经济繁盛的生态支撑，这让我们观察腾讯和阿里等互联网平台企业的崛起及其如何迅速成长为世界级公司有了现实价值。

数字技术普及带来新的发展模式

1996年，美国学者尼葛洛庞帝在他的著作《数字化生存》中率先将虚拟空间与现实世界中的平台相联系，认为人们的生存方式将呈现出一种数字化的全新状态，而这种数字化生存的载体就是数字平台。

当时，硅谷的创富神话正在准备起飞，腾讯和阿里尚未创立，互联网还是新生事物，距离普通人的日常生活仍有非常遥远的距离。

今天，阿里和腾讯的创业史已经是中国人耳熟能详的故事，我们已经不用重复那些阴差阳错或者命中注定的创业传奇。有一点可以确定的是，中国的互联网创业最初是从模仿美国的互联网发展起步的，但最终，腾讯和阿里都找到了自己独特的商业模式。

2012 年是中国互联网平台经济发展的分水岭。那一年，BAT（百度、阿里巴巴和腾讯）的名号刚刚开始叫响。无线化布局较早的腾讯，很快感受到变化的气息。那一年，手机 QQ 的消息数第一次超过了 QQ，腾讯所有业务开始无线化。差不多同一时间，腾讯调整自己的战略，聚焦于核心业务的同时，依靠投资搭建独特的生态。

2013 年 12 月 4 日，工业和信息化部正式发放 4G 牌照，宣告中国通信行业将进入 4G 时代——这也标志着中国互联网将迈入移动互联网时代。

永远不要低估了技术带来的效应，3G 网速理论速度 1Mb～5Mb，4G 网速理论速度是 100Mb。这意味着 3G 时代难以达到流畅体验的图片加载、视频播放、移动支付等，都将发生质变。此外，由于手机价格低，大幅降低了触网的门槛，互联网用户规模激增。

移动互联网应用进入黄金时代。易观智库 2015 年发布的《中国移动互联网数据盘点 & 预测专题报告 2015》显示，在 2014 年，中国移动互联网用户规模达到 7.3 亿人。技术的红利与人口的红利，创造了阿里巴巴和腾讯的黄金时代。

低边际成本、显著网络效应和超大规模市场

从基本原理看，互联网平台经济并非从天而降的新事物。

学界对平台经济早有关注。美国加州大学戴维斯分校学者贾开在《平台经济的逻辑》中认为，2014年诺贝尔经济学奖获得者让·梯若尔与其合作者对"平台经济"的三点要素的总结颇具开创性——存在两组或多组顾客、不同顾客间存在网络效应、需要中介参与。

学者徐晋则认为，平台经济是指本身并不生产商品，而是借助一种交易空间或场所，促成双方或多方客户间交易，收取适当费用而获得收益的一种商业模式。经济学中的"双边市场理论"也为平台经济提供了理论论述。交易通过平台进行，一方的收益由另一方的数量决定。

银行、证券、集贸市场、购物中心、中介公司等许多在现代经济生活中久已有之的事物都属于平台经济。相比这些传统平台经济，互联网平台经济与之的区别是，依托数字技术的发展创新，摆脱了传统平台在地域、时间、交易规模和信息沟通等诸多条件上的限制，获得了指数级的增长，也创造了新的价值点与分配模式。

而让平台经济得以实现指数级增长的根本原因，来自它内生的特性——间接网络效应。

让·梯若尔解释这一间接网络效应为，一边（如买方）的网络规模将对另一边（如卖方）的需求大小产生影响。典型案例有，电商平台的商品丰富度越高，消费者的需求得到满足的程度越高，消费者就越多。反之，消费者越多的平台，愿意在上面开店的商家也越多。

这种网络效应使得平台天然追求规模扩张，从而带来了边际成本递减，造就了平台的扩张性——规模与效率成正比，平台规模越大，越有利于提高资源配置效率。正是这种扩张基因，使得拥有海量用户规模的国民级产品公司凭借着高黏度活跃用户和海量数据信息，迅速成长为亿级乃至 10 亿级用户规模的超级网络平台。

腾讯和阿里巴巴都是在这种网络效应下实现了强者愈强的规模积累。公开资料显示，2016 年阿里巴巴零售平台上有 5 亿消费者、1000 多万卖家，每天产生 5000 万个物流包裹，年销售额达 3.7 万亿元。而腾讯 2017 年 11 月合并月活跃账户数就已达到 9.8 亿，它的用户规模从 2013 年开始以每年超过 1 亿新增用户的速度增长，微信还是中国首个月活跃用户超过 10 亿的应用。这都是全球罕见的规模量级。

某种程度上，这也是中国这样规模的国家独有的增长曲线。中国互联网络信息中心（CNNIC）发布的第 45 次《中国互联网络发展状况统计报告》显示，截至 2020 年 3 月，中国的网民规模为 9.04 亿，互联网普及率达 64.5%。

正是庞大的网民，构成了中国蓬勃发展的消费市场，也为数字经济发展打下了坚实的用户基础，为巨型互联网公司的繁盛提供了可能性。

传奇创始人与区域文脉

腾讯和阿里巴巴的崛起，既是马化腾和马云个人创业奋斗后成就的神话，也不能脱离区域发展的文脉。长三角和珠三角自改革开放以来，始终是创新求变的发祥地。

以浙江为例，改革开放40余年里，浙江的民间创新不断涌现，从边缘区域开始的创新与地区政府达成了某种默契，最终推动了新的生产力和生产方式的诞生。

学者赵伟认为，这是一种倒逼逻辑的改革，整个浙江的发展就是在这种倒逼式的路径下发展起来的。浙江不同于珠三角和京津冀之处在于，浙江的创新多半从民间起步，来自底层的创新先获得基层政府默认，而后层层向上得到授权。基层、分散的民间企业发展起来后，形成一定的影响力，并推动地方政府重视新发展起来的经济形式。

阿里巴巴诞生在浙江，也受益于这种区域的创新文化。正是由于浙江的民营小微经济发达，温州、金华、义乌等地的小微经济活跃，这些地方活跃着许多熟悉全国市场、走南闯北的商人，他们是最能接受新事物的群体。把握住这群人的需求，也就把握准了中国民营经济整体的脉搏。

另外,温州、义乌等地也是小商品制造业之都,作为链接生产制造和消费的平台,阿里巴巴从区位上接近潜在的用户和客户。最终,阿里巴巴打出"让天下没有难做的生意"的口号,成功地迈出了平台发展的第一步。

而诞生了腾讯的珠三角,则因毗邻香港而在区位上具备了不一样的优势。珠三角是侨乡,在海外具有大量的连接纽带,在改革开放之初引进了大批海外资源助力当地发展。深圳更是改革开放的桥头堡,创新和发展是深入城市血液的文化。腾讯在这样的城市氛围里起步,它的发展历程也受益于来自香港的风险投资基金及高级人才输入。

同为潮汕族裔的香港首富李嘉诚之子李泽楷曾入股腾讯。1999年,李泽楷以220万美元购入腾讯20%的股权,这220万美元帮初创的腾讯渡过了危机。而今日,腾讯内部也依然有颇多来自香港的高级管理人才。腾讯的成绩也离不开这些资源的助力。

两家互联网平台巨头的崛起是依托中国国情的崛起,也是扎根区域文化的崛起,还是创始人在特殊历史进程中个人奋斗的产物。无论是马化腾还是马云,都是坚定的开拓者。他们以极强的个人领导力与坚定的创新求变之心,在深圳和杭州打造出了两家气质迥异的公司。

从消费互联网到产业互联网

2019 年的"双 11"消费狂欢节,全网成交额为 4101 亿元,这个数字在 10 年前是 5000 万元。成交额的变动,记录了数字经济时代商业模式乃至发展模式变化的轨迹,也记录着中国互联网平台公司的成功。

这些公司甚至开始搅动全球的商业节奏。据世界最知名的货运情报服务网站 joc.com 估算,在"双 11"的两个星期以前,香港—洛杉矶航线的货运价格已经上涨了,上海到欧洲航线的货运价格同比例上涨。空运投资服务(Freight Investor Service)表示,11 月正成为全世界航空货运最繁忙的月份。

而根据英国媒体报道,为了满足"双 11"背后所代表的巨大中国需求,西班牙开始加大养猪力度,过去 5 年,西班牙的猪肉产量平均每年增长 20%。

如果说电商是阿里巴巴的版图,那么在社交与游戏领域,腾讯的表现同样耀眼。2019 年,微信及 WeChat 的合并月活跃账户数达到 11.65 亿,这相当于全世界六分之一以上的人口数。通过并购、代理等方式,腾讯早已成为世界上最大的游戏公司。此外,中国排行前五的互联网公司中,拼多多、美团、京东背后,均可见腾讯的影子。

从某种意义上说,消费互联网的繁盛是人口红利与制度红利的产物。但中国的市场规模总有上限,当人口红利消失,制度性的时代红利难以再现时,这些庞然大物们该何去何从?

互联网进入下半场:流量红利的枯竭

2020年,"社区团购"爆红出圈,成为资本必争之地。这背后,是互联网平台公司的"流量焦虑"。

社区团购并不是什么新鲜的商业模式,生鲜赛道的残酷战争其实已经打了8年。但是在经过数年疯狂的"烧钱"后,传统农贸链条仍然只有不到5%的份额被线上化。生鲜具备高损耗、客单低、即时要求高等难啃的行业属性,因此一直游离在阿里、腾讯等巨头的视野之外。

过去30年,中国经济快速发展的过程中最宝贵的财富就来自人口红利,互联网也不例外。1970年左右,中国迎来第一波婴儿潮高峰,此后在1987年前后迎来"回声潮"高峰,推动了中国劳动力资源的高速增长。这些人也是阿里系、腾讯系产品的核心消费者和用户。

然而由于计划生育的实施及出生率加速下行,近年来中国人口增长维持低速状态,再也没有出现过人口出生高峰(见图4-1)。人口红利的消失对追求规模扩张的互联网公司而言,意味着用户数量正在接近天花板。

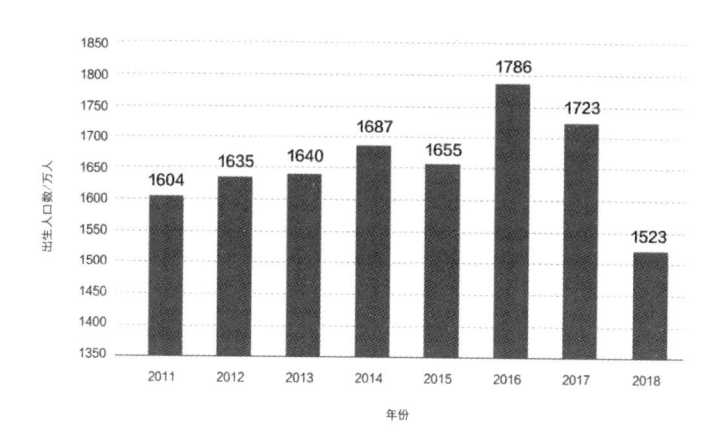

数据来源：国家统计局

图 4-1　2011—2018 年中国出生人口数

移动互联网商业智能服务商 QuestMobile 发布的《中国移动互联网 2019 半年大报告》显示，2019 年第二季度中国移动互联网月活用户规模从 11.38 亿下滑到 11.36 亿，净下降 200 万。这也是中国互联网史上月活规模首次下滑——互联网消费红利的消退，在数据上再一次得到印证。

互联网企业盈利模式大体可以简化为：互联网总用户（14 亿）× 渗透率 × 单一用户盈利数。企业想要高增长，无非就是要提升用户数及提升单一用户的利润。目前，用户规模增长乏力，单一用户利润提升困难，成为行业共识。

不论是阿里还是腾讯，都需要不断讲出新的故事，寻找新的增长点，因此，它们就必须重新评估产业互联网的价值。

2018年,马化腾在谈及架构调整的公开信中写道,这次架构调整,腾讯经过了将近一年的思考和酝酿。他表示:"我们认为,移动互联网的上半场已经接近尾声,下半场的序幕正在拉开。伴随数字化进程,移动互联网的主战场,正在从上半场的消费互联网,向下半场的产业互联网方向发展。没有产业互联网支撑的消费互联网,只会是一个空中楼阁。接下来,腾讯将扎根消费互联网,拥抱产业互联网。"

在产业互联网的布局上,阿里的布局早于腾讯。2016年10月13日,时任阿里巴巴集团董事局主席的马云在开场演讲中指出"传统电商已死",未来30年,"五新"(新零售、新制造、新金融、新技术、新能源)的发展将会深刻地影响中国、世界和我们所有人的未来:零售业将呈现线上线下融合的全新业态,并与智慧物流结合,产生新零售;传统的B2C制造将彻底转向智慧化、个性化和定制化的C2B新制造;基于数据的信用体系产生真正的普惠金融,将给所有创业者、年轻人和小企业带来福祉;层出不穷的新技术将基于互联网、基于大数据诞生,改变人类生产生活的方方面面;而数据将取代石油、煤和电,成为技术发展与生产革新的新能源。

2017年7月11日,阿里巴巴宣布成立"五新执行委员会",CEO(首席执行官)张勇担任委员会主席,统筹包括阿里巴巴集团、蚂蚁金服集团、菜鸟网络、阿里云等阿里生态体系内的所有力量,全力投入建设"五新"。

这对阿里和腾讯而言，都是企业发展历程中的重要改变。设想堪称宏伟，背后其实是互联网平台企业挥之不去的增长困境。

"世界工厂"的焦虑

如果将视线转移到制造业领域，我们会发现，中国制造的创新，同样离不开互联网。

中国工业和信息化部前部长苗圩曾在对《中国制造2025》进行全面解读时表示，全球制造业分多个梯级：第一梯队是主导全球科技创新的美国；第二梯队是高端制造领域，包括欧盟、日本；中国处于第三梯队，以中低端制造为主，而且这种格局在短时间内难以有根本性改变。作为主管制造的政府官员，苗圩的观点基本上代表了国家认知。

经济学界的敏锐者则警告国人不要沾沾自喜，工业4.0已经来临，而中国目前工业1.0、2.0、3.0、4.0并存，而且以2.0、1.0为主，虽然也有一些3.0，少数4.0，但是众多关键技术和环节需要依靠外国。

2018年中美贸易摩擦中，美国首先瞄准的就是下一代工业的"粮食"——芯片及第三代半导体这一关键节点，进行精确打击。在高端制造业和关键技术面临卡脖子的同时，中国的中低端制造业同样面临传统竞争优势丧失的困局。

在天眼查中检索可发现，截至2020年8月初，中国目前状态为在业、存续、迁入、迁出的服装相关企业超过1500万家，其中近六成企业为个体工商户，约 6.54% 的相关企业是制造业。它们的显著特点是规模小、分散、信息化程度低。

在很长时间里，这些企业的竞争力主要来自两个方面：一是廉价劳动力，二是宽松的环保标准。

中国有 1.5 亿进城务工人员，其收入远低于欧美国家工人的工资。他们来自湖南、广西、河南、四川等地的农村，在东南沿海工厂林立的城市，在拉动国家经济增长的流水线上全力以赴。他们代表了人类历史上最大规模的人口迁移，是百年来欧洲移民到美国总人数的 3 倍。

环境的代价则不言而喻。先污染、后治理，是许多发展中国家走过的老路。

2012 年，一个德国纪录片团队拍摄过一部 45 分钟影片《牛仔裤的代价》，可以说是中国工业污染的写照。他们以德国商场一条廉价的牛仔裤为线索，追溯到它的诞生之地——中国广东的新塘。这个小镇遍布着大大小小的工厂，每年生产 2.6 亿条牛仔裤。大约有 2500 种化学物质会在牛仔产品的制作中被使用，从棉田到水洗，一条牛仔裤将耗费 3480 升水，这相当于一个成年人 5 年的饮水量。

除了水资源的浪费，污染同样触目惊心。最近 10 年，我们曾经的成本优势已不复存在，中国制造亟须寻找新的利润来源，产业互联网被寄予了厚望。在此前中央经济工作会议的议题中，解决卡脖子的技术问题与科技创新、推动传统制造业优化升级等，被列为重点产业政策。"要发展数字经济，推动产业数字化，利用互联网新技术新应用对传统产业进行全方位、全角度、全链条的改造，提高全要素生产率，释放数字对经济发展的放大、叠加、倍增作用。"这是官方 2018 年的表态。

阿里巴巴和腾讯等互联网平台公司提出的蓝图——互联网技术将与社会、商业、生活融合，当然也包括与制造业的深度融合，这意味着生产方式和生产关系的彻底重构。这既是平台增长的需要，也有制造业升级改造的内生需求。

基础设施还是数字霸权？

通过轻资产、快速扩张和规模经济加持，腾讯和阿里巴巴都开始了从消费互联网向产业互联网的开拓之路。这两家互联网平台级公司也不约而同地在发展目标里提及，要建设成基础设施公司。

2018 年 10 月，马化腾在提出移动互联网下半场时，提及腾讯的目标是"做好'连接器'，为各行各业进入'数字世界'提供最丰富的'数字接口'，还要做好'工具箱'，提供最完备的'数字工具'"。

马云则更早就提及了要做"商业基础设施"。在 2016 年，他就提过："GMV（成交总额）从来不是我们的核心指标，商业基础设施才是。如果你需要一个健康的商业基础设施，电商、物流、金融、大数据和云计算、跨境五大元素不可或缺。"这一点与阿里的使命愿景有相符之处，"让天下没有难做的生意"——本身它就立足于做服务型平台。

对这两家企业而言，它们与整个互联网发展生态和中国社会数字化建设基础设施的联系已经越来越密切，有人将它们定义为国民级公司。

它们庞大的体量还天然具有了排斥和绞杀相似领域竞争对手的特性。用户更倾向于选择已经被广泛接受或已积累众多用户的平台，加上这两家企业在巨量初始用户的基础上还成功引入了多个领域的参与者，建立起了多方的良性互动循环，新进入者面临的障碍就会更大，"赢家通吃"的趋势颇为明显。

但到2020年下半年，这种赢家通吃的特性突然挑起了全社会对"垄断"的敏感神经，并迅速发酵为一场声势浩大的反垄断声讨。

数字社会的基础设施

阿里和腾讯的数字基础设施属性越来越明显。

在通信及社交业务上，截至2020年3月底，腾讯的微信及WeChat的合并月活账户数为12.025亿。2020年阿里巴巴财报显示，中国零售平台年度活跃用户数达到7.75亿。庞大的用户体量，覆盖了中国的大部分人口，而这还不算它们通过投资可以影响到的领域。

海量用户的背后，是体量惊人的数据和由此积累而来的技术。

以云计算为例。2009年,阿里巴巴开始布局云计算,自主研发的"飞天云操作系统核心技术及产业化"获得2017年中国电子学会科技进步奖特等奖。这是该奖项设立15年以来,首次颁发的特等奖。目前"飞天"承载的阿里云已经跻身全球前三、亚洲第一的云计算平台。

云计算是向产业互联网升级的必争之地,继阿里之后,腾讯、百度、华为等科技公司相继入局。腾讯云依靠着腾讯本身在社交及游戏等领域的流量优势,以及微信、小程序等强大的生态转化能力,结合自有生态,打造差异化竞争。华为云则依托华为30多年政企服务经验和自身的技术储备,过去几年一直保持高速增长。

与其他领域一样,云计算市场经过多年发展,也不断向头部厂商集中。从全球市场来看,3A(亚马逊AWS、微软Azure和阿里云)占据近七成市场份额。在国内,排名前五的阿里云、腾讯云、华为云、电信天翼云和AWS,总占比达到76.7%。

平台公司在云计算市场的投入,为中国社会的数字化发展提供了重要的技术支撑。而在2020年新冠疫情暴发之际,平台级公司的数据和技术积累,成了短时间里支撑抗疫的重要基础设施。阿里巴巴和腾讯分别开发的健康码,在疫情防控中发挥了重要作用。

这些科技手段保障了中国经济快速从举国隔离状态切换到复工复产。无论是跨省市返工通行,还是进出办公场所,都需要出示健康证明,健康码在其中起到关键作用。根据国家统计局发布的信息,经初步核算,2020年全年中国国内生产总值1015986亿元，按可比价格计算，比上年增长 2.3%。在新冠疫情暴发的背景下，中国经济能实现逆势上扬，离不开这些数字基础设施。

数据和投资造就的支配地位

国民级公司因其体量巨大而被视作基础设施，也因此而招致了非议。这两家公司通过投资和并购编织的庞大王国与获得的收益，的确让人咋舌。

媒体做过统计，截至 2020 年的四五年之间，每在经营上赚 100 元钱，腾讯会全部进行投资，阿里巴巴会投出 80 元，亚马逊会投出 63 元，而谷歌、Facebook 会投 55 元，微软只会投 30 元。

资本的运作为它们带来了高额收益。中国前 30 大 App（应用程序），七成隶属 AT（阿里巴巴和腾讯）旗下。10 亿中国网民的移动生活，被腾讯和阿里包围。作为全球产业投资翘楚，腾讯与阿里收割了高额的资本回报。2018—2020 年的 3 个财年里，阿里的投资收益分别高达 305 亿元、441 亿元和 730 亿元，对净利润的贡献将近一半。腾讯的账面浮盈更高，光是投资美团，浮盈就超过 2000 亿元。话语权独大的物流平台菜鸟估值 1900 亿元，超过其服务的通达系；业务依托金融机构展开的蚂蚁集团，此前拟上市估值远超工农中建四大行。

全球 586 家"独角兽"公司中，腾讯投资了将近 1/10，高达 52 家，仅次于红杉资本；而阿里系（阿里、蚂蚁、云锋）投资了 44 家。相比之下，谷歌只投资了 7 家，亚马逊投资了 2 家，苹果一家未投。腾讯位列前十大股东的 41 家上市公司，总市值高达 5.4 万亿元，相当于中国科创板的体量，已超过其自身 4.6 万亿元的市值。

按年报中已披露投资金额的重大项目所在大行业来统计，阿里主要投向了电商新零售、媒体娱乐、物流、生活服务及健康这五大领域。电商新零售为阿里的核心航道，阿里的投资在于巩固护城河。

在可以统计到的投资中，腾讯在媒体娱乐领域投入 823 亿元，包括 190 亿元投资超级细胞（Supercell，开发《部落冲突》和《荒野乱斗》的芬兰游戏厂商），90 亿元投资环球音乐集团等。此外还有正面迎战阿里业务版图的美团、京东、拼多多等。

通过投资构建生态，腾讯与阿里巴巴分别构筑了 10 万亿元市值的生态圈，5 年间膨胀了 10 倍。相比之下，上海市地方政府控制的上市公司总市值为 2.8 万亿元，深圳 300 余家上市公司总市值 11 万亿元，A 股总市值 77.84 万亿元。腾讯与阿里的资本能量，甚至已能与一座一线城市比肩。

正是因为它们的体量，这两家公司的登顶之路上一直不乏质疑，不论是在商家政策上的"二选一"，还是社交平台封杀其他公司的链接及产品。有人将它们限制竞争的举动称为垄断，也有人将之解读为"支配性地位"。

学者秦朔点评过这一现象："具有支配性地位的公司还可以利用现有的流量优势，低成本蚕食别的公司已有的业务领地，或者通过'投资+流量支持'的方式扶持自己体系内的伙伴。在中国互联网领域,几乎已无法想象一个中立市场的存在,很多互联网创业者都要想清楚,如何站队,何时站队。"

不管怎样,庞大的能量带来了城市和区域的繁盛发展,也潜伏着巨大的困惑与冲突。它事关巨型平台企业如何处理与社会的关系,数字经济如何发展才能实现社会价值和经济效益的双赢。

数据治理的困境及迷思

2020 年拥有一个魔幻的开端。1 月 23 日,武汉正式封城,新冠疫情暴发。

"今年这场疫情所产生的倒逼人类社会进步的推动力,不亚于二战。"同年 10 月 24 日外滩金融峰会上,马云如是说。世界已然彻底改变,这场疫情的影响的确不亚于一场战争。

在产业层面,资源吸附能力不够强的中小企业大批量倒闭,头部企业通过投资并购,借势扩张。过去 10 年间,中小企业数量在 2017 年达到巅峰之后开始下滑。2020 年,这一趋势正在加速。早在 2020 年 2 月,清华、北大对 995 家中小企业进行了调查,结果显示,67.1% 的企业可以维持 2 个月。

中小企业是就业的蓄水池,就业数据的变化或许更为直观。据互联网招聘平台 BOSS 直聘的数据,2020 年应届生招聘需求同比下降 44%,百人以下小微企业的应届生需求收缩 52%。据智联招聘的调查,30.4% 的企业将减员缩编,29.68% 的企业无法为员工按时发放薪资，无影响的企业仅占 17.81%，多数为行业头部企业。

在资本市场，互联网平台公司们迎来了高光时刻。2020 年 9 月初，阿里巴巴的总市值站上 6 万亿港元，超过腾讯 1 万亿港元。阿里巴巴旗下蚂蚁科技当时也计划上市。在媒体的表述中，它如果上市，将创造人类史上最大的 IPO。

中小企业哀鸣一片，巨头上演财富盛宴，这导致社会舆论开始发生微妙转向。此前，中国人民银行前行长周小川在一次演讲中就提到，互联网巨头依靠资本和资源优势不断挤占中小企业、个体户的生存空间，或将导致结构性失衡。限制阿里巴巴、腾讯等互联网巨头垄断，激发中小企业活力，才能承接内循环下的就业目标。

风开始转向。2020 年 11 月 2 日，蚂蚁科技的三位实际控制人被约谈，随后宣布暂缓 IPO。"双 11"前夕，互联网反垄断落下第一子，让近乎天文数字的 GMV 也黯然失色。反垄断的本意，是将阿里和腾讯积累的资本与技术"赶"到实业中去，避免无序扩张，挤压中小企业与实体经济的生存空间。

美国的产业空心化前车之鉴

限制资本和互联网公司，为什么与发展实业有着必然的联系？

美国制造业的空心化或许能提供答案，它出现的原因在于工业生存空间被资本挤压。20 世纪 90 年代以后，美国公司的 CEO 用削减开支、削减厂房、削减岗位的方法迅速抬高公司股价，在金融市场赚取高额收益,而不是通过生产优质的产品,降低成本,在坚实的工业基础上创造更高的收益。

《谁偷走了美国梦:从中产到新穷人》一书中,写到了摩托罗拉公司前 CEO 鲍勃·高尔文的经营理念。他看中企业的长期增长和价值,员工是珍贵的资产。当企业经营波动时,员工不是被价格便宜的劳动力替代或者被裁掉,而是整个职业生涯接受反复培训,来应对摩托罗拉一次又一次的技术革新。

1986 年,在面对日本的激烈竞争时,高尔文没有选择去高管们推荐的马来西亚建厂,而是在伊利诺伊州建新手机工厂。他还组建摩托罗拉大学,每年花费 2 亿美元培训从门卫到他自己的全部员工。

但是当他退休后,摩托罗拉逐步关闭了美国本土工厂。缩减企业规模和大裁员让股东们获得高额回报,而数百万普通人的美国梦却分崩离析。

摩根士丹利前首席经济学家史蒂芬·罗奇对此表示:"金融市场的力量真正控制了企业的命运,操纵了企业所拟定的战略,股东收获的回报,超过了他们最疯狂的梦想。……资本胜利了,可是代价不菲。"

中国也有这样类似的风险。"美国的金融业发达了。资本追逐的都是最新的主题,所以美国的高科技非常强大,因为有大量资本支持它。汽车产业没有资本追逐,所以就衰落了。在中国,互联网是新东西,资本就会去追逐互联网,制造业好像不触网就要死掉。我叫它互联网焦虑。"北京大学发展研究院教授姚洋表示。

数字治理亟待破局

学者秦朔曾指出,在腾讯和阿里巴巴的利润构成中,既有好产品、好服务赚的钱,更有网络支配地位所带来的具有强烈放大性的"结构性利润"。

结构性利润的存在,本质在于社会伦理和法制基础落后于数字社会建设,而这与中国政府对互联网和数字产业的发展政策紧密相关。

互联网经济曾被视作罕见的阳光产业,因变革的快速和资源的不确定性,为国家带来了意料之外的商业进步和社会空间开放。它的发展路径与前文提及的浙江模式中的"倒逼式崛起"有异曲同工之处——它通过宽松的政策,为企业发展营造必要的良性环境,使其为中国经济增长提供新的驱动力。

宽松政策的存在与互联网平台经济的重要价值密不可分。厦门大学教授赵燕菁认为,它在一定的时期是中国国家竞争力的一部分:"数据平台企业是中国'企业群落'的核心资产,对于依附平台之上的普通企业降低成本、参与世界竞争具有系统的重要性。一个国家能否在国家竞争中胜出,取决于其平台企业是否能在与其他国家的平台企业的竞争中胜出。从这个意义上,中国必须培育和保护包括蚂蚁集团在内的所有关键性数据平台企业,并将之作为国家发展战略的核心。"

赵燕菁认为，若在大数据还没有被发现之前就对相关公司严格监管，其结果是，在缺乏有效激励的情况下，平台企业根本不会出现。此时，对平台企业的扶植是必需的，打压平台企业，就是打压其所在的"企业群落"。

但当平台企业长成后，这些依托全社会数据而形成的商业模式及不对称竞争环境，就容易造成不合理的分配格局。事实上，有关数据资产的利用和治理问题的讨论并不罕见。2017年7月15日，时任中国人民银行金融研究所所长孙国峰曾在朗迪金融科技峰会上提及，金融科技领域，数据分布和数据使用出现失衡，有些巨头凭借丰富产品线布局，汇聚大量金融数据形成数据寡头，"数据垄断比技术垄断更难突破，易形成数字鸿沟和信息孤岛，不利于充分使用这些数据"。

这涉及最根本的问题——如果未来是由数据驱动的社会，数据的所有权到底归属于谁。普通人如何保护自己的隐私及权益；政府如何更好地管理社会，在社会福利大众福祉和效率提升之间如何找到平衡；企业该如何使用这些数据，才能在大公司和好公司的纷扰之间站稳脚跟。

美国加州大学戴维斯分校学者贾开认为，数字平台正在瓦解经济活动的传统组织方式，它们重置了进入门槛，改变了价值创造和价值分配的逻辑，利用了监管漏洞以追求制度套利，重新调整了劳动分工并改变了经济系统的权力结构。在这场剧烈的变革面前，"为了促进创新精神，同时又要缓冲剧烈社会经济变革带来的不利影响，我们不仅需要关注经济政策，同时也需要关注社会政策"。[1]

而在大国竞争的背景下，节制资本与促进创新之间的微妙平衡也有待权衡。

"你要把地面上的人看清楚，就要和地面保持距离。"意大利作家卡尔维诺如是说。我们同样需要把2020年的诸多变化，放在一个更长的时间维度与更广阔的空间维度里去审视，才能看清命运最终的走向。

特约研究员程承参与本篇创作，其专注区域经济地理研究。

---

[1] 贾开.平台经济的崛起[J].经济导刊，2016，(6)：64-69.

07

王庆坨小镇的轮回
从互联网资本吹向制造业的飓风

中国的自行车存量一度超过 5 亿辆，占全球自行车出口份额 50% 以上，这被认为是传统制造业的一大壮举。中国自行车产业的发展和改革开放的步伐是基本一致的，它在 20 世纪 80 年代为中国赢得"自行车王国"的称号。自行车产业在 90 年代中期达到顶峰，随后在国家大力扶持汽车产业的背景下，将重点转向出口。

这个传统制造业在迈入 21 世纪后一度陷入萧条。当国家和民众开始反思空气污染和气候问题时，代表绿色出行方式的自行车似乎有重回市场视野的契机。而更为直接的冲击，来自由资本和科技驱动的共享单车浪潮。

共享单车模式曾给相对停滞的自行车产业带来利好，天津的王庆坨镇恢复了热闹和喧嚣，这里的自行车行业从业者曾大呼遇上了从业几十年来最好的机会。但资本吹出来的肥皂泡很快就破灭了，共享单车的商业模式难以为继，并迅速波及了王庆坨。这个小镇再次陷入了沉寂。它的遭遇是整个自行车制造行业在过去10年的缩影。

在新的时代背景下，国家在"十四五"规划里重提保持制造业比重，重视实体经济发展。回顾王庆坨的自行车产业发展经历，有利于我们思考传统制造业、资本、中国经济和政策环境之间的关系。

"流动的长城"

中国在20世纪80年代成为"自行车王国"。在物质水平提升、政府政策扶持、市场经济自由和快速城市化的协力推动下，该产业得到了爆炸式的发展。自行车在改革开放后迅速占据了中国城市的大街小巷，密集而绵延的车流被形容为"流动的长城"。

自行车在中国的普及与国家放宽调控的步伐是一致的。政府在1978年取消了生产配额和价格控制，并在1981年和1984年两次决议大力发展自行车产业，扩大优质生产。到1986年，中央终于取消了自行车产业的购买配给制。

看得见的手后退，自行车产业得以充分利用丰沛劳动力和巨大市场需求，迅速建立起较完整的生产体系。到20世纪80年代末，全国大概有 60 多家自行车制造厂和千余家零部件供应商，形成了以飞鸽、永久、凤凰、红旗、金狮五大国产品牌为首的产业格局。

对外开放也使自行车企业从技术转让中获益。例如，天津的工厂引进国外的热处理设备，在链条、脚蹬和飞轮的组装工艺上获得了竞争优势。仅飞鸽公司在 20 世纪 80 年代，就将产量提高到每年 400 万辆，并雇用了 1 万名工人。更高效的制造力、革新技术和不断入场的竞争者，推动自行车产业进一步发展。全国自行车年产量从 1978 年的 850 万辆增加到 1987 年的 4100 万辆，提高了近 4 倍。

除了市场推手，中国城市化进程中的格局规划也为自行车发展提供了便捷。20 世纪 80 年代，城市公共交通欠缺，小汽车昂贵稀少，加上人们大多住在单位宿舍，通勤距离相对较短，使得自行车成为最常见的交通工具。

自行车的供应量大幅增加和居民收入水平的提高，意味着更多的人有能力购买自行车。到 20 世纪 80 年代末，中国自行车存量达到 5 亿辆。自行车也成为国家和个人进步的象征。"独立，从掌握一辆凤凰车开始。""骑永久就像开奔驰一样有面子。"类似的广告语不胜枚举。1989 年 2 月，当时的美国总统布什和夫人访华，李鹏向二人赠送的国礼中，就有两辆飞鸽牌自行车。

到 20 世纪 90 年代，国家优先经济政策和消费者偏好开始发生变化，使得自行车产业开始将目光转向国际。正是在这样国退民进、内销转出口的大背景下，天津市一个叫王庆坨的小镇开始在产业中崭露头角。

"中国自行车第一镇"往事

王庆坨镇隶属天津武清区,距北京约 110 公里。1994 年,镇上几名曾在供销社组装过自行车的工人办起手工作坊,利用从天津运来的零件,开始生产和销售自行车。

王庆坨的自行车产业由此开始发展。这里出产的自行车价格低廉,很快打开了市场。以手工作坊为主要模式,小镇几乎家家户户都开始参与自行车组装生产。不到 10 年,这个固定人口不足 5 万人的小镇所生产的自行车已占全国产量的 1/10,随后逐步发展为中国北方最大的自行车生产基地。

从内部结构上来看,王庆坨的自行车产业由众多草根民营企业集聚而成,以中小企业为主,包括自行车整车生产商和零部件生产商,彼此既竞争又合作。全镇所生产自行车的零部件有 95% 以上来自当地生产商。这里的自行车产业发展充分得益于产业集群效应。

产业集群的概念,最早是由美国人迈克尔·波特提出,意指在一定地理区域且业务相互关联的企业所组成的群体,典型的产业集群组成一条相对完整的产业链,生产某类具体产品。这种在特定地理空间上的聚集,以及企业之间既竞争又合作的复杂网络关系,对提升集群在整个产业内的竞争力有重要意义。具体而言,企业集群带来规模性的需求和专业化的生产，在获得上游供应、招聘对口员工、更新行业信息、寻找下游买家等方面，都更有优势，也有助于打造区域性品牌。地域空间的集中亦有利于节约交易成本，包括运输、信息和信任机制等方面。集群内部分工专业化，企业彼此之间既竞争又合作，刺激成本下降和产品升级，并持续创新。这是产业集群能较长时间保持活力的原因之一。

在产业集群效应的推动之下，王庆坨很快摆脱了早期"低质低价"的家庭作坊模式，积极规范品质标准，引进新设备，拥抱新技术，优化产品质量。也是得益于集群效应，王庆坨适应市场需求变化，开始增大自行车出口量。

中国的自行车市场在20世纪90年代中期达到顶峰。1993年，每百户城镇家庭拥有197.2辆自行车，1995年，每百户农村家庭拥有147辆自行车，市场已经饱和。同一时期，国家产业政策开始向汽车制造业转向。1994年，国务院颁布《汽车工业生产政策》，将汽车制造业确定为国民经济发展重点。住房和城乡建设部在不久后表示，当时中国城市交通的主要问题是自行车数量多且集中。这表明中国开始转向以汽车为中心的城市规划建设和交通管理，两轮代步工具要给四轮的让位。

此外，改革开放带来城市的快速扩张和个人财富的暴涨，使私人汽车成为新的身份象征。而许多城市为改善交通和提高能源效率，从20世纪90年代开始鼓励电动自行车的发展。自行车既没有小汽车"显贵"，又比不上电动自行车快捷，于是进一步失宠，从曾经的"四大件"之一,降为再普通不过的持有物。

饱和的国内市场、转向的产业政策和消费者偏好,加上产业巨大的产能过剩,进一步推低了自行车价格,给繁荣了近20年的自行车产业带来冲击。另一波冲击来自国际市场的竞争。20世纪初,中国准备加入世贸组织,外国自行车品牌如崔克(Trek)被允许进入中国市场,因此也带来了更好的设计、更好的质量和更多样化的产品。

部分国产自行车企业,特别是国有企业,没有为上述冲击做好准备。以飞鸽为例,这个曾经的全国冠军企业,年产量从1988年的660万辆缩减到1998年的10万辆。

经受住冲击的企业则整体开始向出口转向,中国的自行车行业在20世纪90年代转变为出口导向性产业。这种变化是戏剧性的。中国在全球自行车出口的份额从1990年的18.7%迅速上升到2002年年底的58.5%。到1998年,国产自行车过半数出口,这个比例进一步上升到2020年前后的70%以上。

王庆坨也在适应市场变化,其所产自行车的出口量从1998年开始连续几年成倍增长,销往欧美、东南亚和非洲等地。2015年,王庆坨自行车产量占全国1/7左右,产业产值约占全镇GDP的75%。但出口并未阻止整个行业的下滑。以2015年为分水岭,天津自行车销量首次出现下降。据《南方周末》的报道,2016年共享单车订单到来之前,王庆坨已有不少企业因无力经营而倒闭。

共享单车带来的短暂春天

自行车在 21 世纪迈入第二个 10 年的时候开始回潮。2012 年，政府发布《城市步行和自行车交通系统规划设计导则》，倡导绿色出行，提出科学编制城市出行和自行车交通系统规划。这可以视作中国对空气污染、城市交通拥堵、能源问题和国际气候变化议题的反思和回应。

自行车产业在国内市场迎来了久违的政策重视，但政策支持并未直接提高市场需求。直到共享单车浪潮掀起，落寞已久的自行车产业才迎来短暂的春天。

21 世纪初智能手机的普及和共享经济的兴起，为共享单车的流行做好了铺垫。ofo 和摩拜于 2014 年、2015 年先后成立，创造了基于无桩和手机联网的共享单车模式，以极低的客单价，为用户在拥挤城市出行提供了一种灵活便捷的选择，也为解决通勤中公司或家距离公共交通的"最后一公里"问题，提供了一种解答。

在移动互联网创业的巨浪洗刷下，共享单车产业迅速扩张。2016 年，全球每 10 辆共享单车中，中国占 7 辆。次年，中国共享单车行业收益增长近 10 倍，从 12 亿元人民币涨到 103 亿元。新华社在这一年夏天宣布，共享单车成为中国的"新四大发明"之一，其余三大发明分别为高铁、网购和支付宝。

这个产业迅速吸引了风险资本的注意力，仅 2016 年，该产业融资就超过 30 亿元人民币，一度有 20 余个共享单车企业在市场上竞争。到2017年年底，头部企业摩拜和ofo估值逼近30亿美元。

自行车制造业从共享单车热潮中直接获益。2016—2017年，仅摩拜和ofo就订购了1900万辆自行车。这些自行车平均客单价在千元左右，一般都有智能锁、GPS追踪和防爆轮胎。天津成为共享单车的代工厂集中地。富士达在2017年拿下了ofo在天津的最大订单，数量为1000万辆。一度濒临破产的飞鸽在同年平均每月能为ofo生产约40万辆自行车。

为争夺共享单车订单，王庆坨专门在北京设立了招商办事处。领头羊企业缺位，以中小企业为主的集群特征让王庆坨未能直接获得摩拜或ofo的大笔订单，但数额较小的订单持续不断。

因为共享单车的疯狂，这个小镇变得忙碌起来。中国自行车第一镇很快恢复了往日的荣光，许多小的厂家发现自己不再需要满世界找订单了。

一位小工厂主非常兴奋。在这之前，1000辆车的生产订单就是大单了，但共享单车平台经常有几万辆的爆炸性订单。这样的行业机会被不少人视作"入行以来的最大机会"。

但短暂的春天很快结束了。共享单车企业通过补贴来获取用户的恶性竞争模式由于这个创业赛道进入门槛不高而始终无法实现低价清场，大量涌入的玩家挤压了整个市场里的生存空间。2017年，中国主要城市几乎所有的街巷里，都能看到五颜六色不同品牌共享单车的身影，由于满负荷投入却无法修护，许多城市还出现了"单车坟场"。

疯狂的"烧钱"和单车投放大战终于难以为继,共享单车的泡沫破裂,也波及了上游制造业。

众多共享单车企业倒闭,ofo深陷退押金丑闻,相对健康的摩拜单车月度活跃用户从2017年8月的3800万骤降至次年8月的2000万。共享单车运营商无力向代工厂支付订单尾款,这对上游制造业带来了破坏性冲击。

共享单车的供货商之一上海凤凰2018年上半年的营收和利润同比下降五成。据中国自行车协会数据,自行车制造业在2018年第一季度实现利润0.81亿元,同比下降76.58%。

王庆坨小镇的四周,一度堆积着卖不掉的共享单车。许多工厂曾试图以极低折扣价出售共享单车,但这些通常按照某一公司的设计专门制造的自行车销路非常有限。那些被处理掉的共享单车,或是卖给二手回收商进行变卖或改装,或是作为废品回收掉。据《经济之声》的统计,王庆坨曾有超过500家自行车工厂,到2018年上半年倒闭了近一半。

当新科技的"野蛮人"来敲门

共享单车泡沫给传统制造业带来的苦果,有很多方面值得反思。

该产业准入门槛低,几乎没有技术壁垒,因此入场玩家越来越多。场内大家的竞争策略都是相似的:尽可能压低价格,避免客户被抢走。这使得产业长期维持在一个不健康的低价状态,无法如期提价，获得盈利。低价情况下，为保持竞争力，企业不断融资，靠"烧钱"大量造车，试图用过量供给在尽可能短的时间里覆盖区域网络，抢占市场。

这样依靠风险资本驱动的商业模式是有缺陷的。在用户需求被充分调动之前就过量投放自行车，直接导致了每辆车的日单数下降，单位收入变低，进一步伤害了商业模式。而企业所占据的宝贵用户信息在短时间内也无法变现。

这个模式还忽略了一个重要的事实。和一般互联网产品不同，共享单车同时代表着一种新的日常交通方式，其发展依托配套的公共空间和基础设施，而二者的完善需要时间和政策支持。在互联网风口中膨胀的共享单车很快超过了城市现有公共空间容忍的限度。2017 年，上海大概能容纳 60 万辆自行车，北京能容纳 120 万辆左右，但同年两个城市的共享单车供应量分别达到 150 万辆和 235 万辆。共享单车的过量供给让城市愈发拥堵，也增加了车辆停放管理的风险。政府对共享单车的态度开始调整，相应的限制政策和管理条例很快出台。短时间内无力商业化又没有政策支持的共享单车，让投资人很快失去了耐心，资本离场。

虽然头顶"共享"的光环，共享单车行业实际上是一门基于智能手机技术的传统 B2C 租赁服务生意。与"共享经济"的原有之意相反，它并没有集聚和利用市场上已有的闲置资源，而是通过搭建生产链条，大量制造属于自己的新产品。

靠风险资本驱动、野蛮生长的下游竞争逻辑直接导致上游自行车制造业的产能过剩。风口过后,传统制造业无法消化过剩产能,收益受损,许多抗压能力低的中小企业直接破产或倒闭。王庆坨曾经依靠产业集群效应成为自行车第一镇,但以小型制造商为主的集群特征,也使得小镇在这波共享单车冲击下受挫尤其严重,难以恢复。

和基于想法的创业项目不同,传统自行车制造业依托物理资产,包括产房、设备、原材料和劳动力,在互联网来了又走的风口中灵活度有限。它的商业逻辑是基于稳定销量的保本为先,低利润随后,与风险资本的逻辑背道而驰。

共享单车的出现打乱了自行车企业原有的以出口为主的销售链。在泡沫破裂之后,如何恢复原有销售链,客户关系如何重建,需要多久时间,都还是个疑问。

据天津自行车协会的数据,天津自行车产量在2016年和2017年的同比增长率分别为0.48%和19%,而出口比例分别下降了5%和7%。

共享单车对自行车制造业更为深远的影响,在于它极大压缩了自行车自有品牌的国内市场和生存空间。如何调整过剩产能,恢复出口销售,强化自有品牌,又是这个传统制造业需要思考的问题。

共享单车进入"下半场",自行车企业的管理人和行业协会的领导者看法相似,认为企业的转型升级迫在眉睫,产品要差异化、精细化,并打造高端重点品牌。这一方面是为了契合共享单车转入精准化运营的趋势,也是为了抓住城市骑行运动兴起带来的另一波需求。

《2017年中国骑行运动大数据报告》在共享单车如火如荼的时候发布了。报告指出,撇开共享单车,当年中国的骑行运动人口达1200万,并在不断增加。骑行运动的核心人群是高学历、高收入、高素质的年轻人。从地域分布来看,经济水平越高,骑行人数越多。这些数据表明,在共享单车之外,高端自行车骑行也在逐渐形成新的潮流。

而疫情之下,全球的自行车市场也有回暖之势。据自行车协会统计,自行车出口数量在2020年第三季度暴增。受益于此,2020年整个行业收入可能突破3600亿元。

这一波自行车的新潮流,能抚慰在共享单车泡沫中受挫的制造业吗?下结论似乎为时尚早。但迎合市场趋势,适应消费者偏好的变化,不断升级产品,才是传统制造业的发展思路。

在王庆坨案例里,我们能清晰地看到当新生领域野蛮生长、政府引导缺位时,新技术模式和嗜血逐利的资本是如何以暴风骤雨般的速度实现了对传统实业的改造,又很快变成了对行业的重创。也正是在这样的案例里,我们能够理解,为什么新的技术和链接方式必须通过有效引导,实现对国民经济的良性互动,否则它只会变成挤压实体经济发展的怪兽。

也许对于制造企业而言,能遵守的准则不多,看上去还有点相悖——要积极拥抱新的科技与技术,也要谨慎选择与新模式共舞。

本篇创作者特约研究员徐一斐,其关注新兴经济体发展。

08

新国货浪潮
供应链和 10 亿消费者

2020 年 10 月 15 日，零售品牌名创优品在美上市。它自称成立于东京，上市时在全球 80 多个国家和地区经营 4200 家门店，其中在中国的店铺有 2500 多家。

如果再了解多一点，会发现这其实是一家中国公司，创始人叶国富是湖北十堰人，公司总部位于广州。从成立到实现 4000 多家连锁店、成功上市，名创优品花了不过 7 年时间。

日本媒体日经新闻评论称，名创优品正在超越它的日本"师傅"——日本零售企业在全球开店超过 4000 家的情况十分少见。有着几十年历史的优衣库和无印良品的开店数量，都已经被名创优品超过，而同样经营百元店的大创用了40年才实现5000家门店的规模。在券商报告里，名创优品已经被视作"中国最大的连锁零售商"。

名创优品的传奇并非孤例。

2016年，一群中山大学的毕业生顶着国父的名号开了家名为广州逸仙电商的公司。他们孵化出的美妆品牌完美日记，2019年"双11"成交额超过一众国际美妆大牌，登顶彩妆榜，这是第一个"双11"登顶的国货美妆品牌。北京时间2020年11月19日晚，完美日记母公司逸仙电商正式在美国纽交所挂牌上市，这也是中国最年轻的上市化妆品公司。

而除了名声大噪的上市新贵，潜藏多年的神秘跨境巨头的名气也终于从外贸领域破圈。希音服装（Shein）——中国最神秘的百亿美元公司，经过多年低调发展，2020年其规模终于再难从媒体视线中隐身。这是家成立于2008年的跨境快时尚线上巨头，总部位于江苏南京，供应链中心位于广州。财经媒体报道称其有望成为线上Zara，2019年，希音服装营收超过300亿元人民币，2020年或可冲千亿（截至2021年2月尚无公开信息）。

横空出世的品牌名单还可以继续列下去，也可以扩展到家电、手机、3C数码等多个领域。过去10年里，中国消费品牌的崛起传奇一再上演。它们的崛起之地，不是在珠三角的广深，而是长三角的上海。

审视最近10年上演的新国货故事，逆袭的黑马们看似偶然的表现背后，其实隐藏着时代必然性。

一方面，新时期中国人的消费能力正在发生结构性变化，由此也带来了消费心理的变化，他们呼唤更符合本土需求的产品和设计；另一方面，从消费领域的变化，又可以窥见中国制造业的进口替代是如何一步步发生，以及往产业链更高阶段爬坡之艰辛。这或许也是当下新国货品牌们不得不克服的挑战。

难以忽视的本土力量

也许没有人会料到，21世纪的第二个10年是以谷歌退出中国内地市场开始的。

2010年3月23日，谷歌将服务器移至中国香港，正式退出中国内地市场。这一事件被立场不同的人士以迥异的方向解读，时至今日，谈及它依然可能会引起口水战。但如果仅从竞争角度看，在退出中国内地市场前，国际巨头谷歌在华占据的市场份额已远远落后于更贴合中国人使用习惯的百度。

这一场景仿佛是对未来10年中国社会商业生态、社会思潮和经济发展动力的奇妙隐喻——本土品牌的崛起，开启新一轮国货风潮。对国际巨头而言，从此它们要与中国同行展开贴身肉搏。当二者狭路相逢时，更符合中国消费场景和用户习惯的产品更能赢得用户和消费者的青睐。

没有永远成功的企业，只有时代的企业。

国际巨头的困境

零售场上的大变局是从巨头百思买的败退开始的。2011年2月22日,百思买决定关闭在华的9家门店。这是一家在北美地区以创新与服务消费者著称的企业,在2008年的经济危机时,它实现了逆市上扬,创下业绩新高。但在中国,它难以续写神话,激烈的竞争和市场的剧烈变化让它水土不服,晕头转向。

百思买之后,传来坏消息的还有家乐福和万得城。2012年后,家乐福中国的业绩和利润开始出现双下滑;2013年3月11日,欧洲消费电子零售业巨头万得城正式关闭其在上海的7家门店。

随着时间推移,名单变得越来越长。英国乐购、德国麦德龙、韩国易买得,百货巨头美国梅西百货、英国玛莎百货、马来西亚百盛百货、韩国乐天百货,以及一大批国际快时尚品牌,诸如New Look、TOPSHOP、Forever 21、GAP、C&A等,或是业绩不善,或是增长停滞,只得裁员或闭店,最终退出中国,这些踌躇满志、试图征服中国的海外大牌们,仿佛争相感染了名为衰退的传染病。

最有标志意义的可能是宝洁的境遇。作为最早进入中国的跨国公司之一,很长时间里它一直牢牢占据着中国日化市场的头把交椅,甚至一度成为日化行业的代名词。但进入中国市场20多年后,宝洁也遭遇了"中年危机"。2012年,宝洁的营收在达到800亿美元之后开始陷入增长停滞乃至倒退状态。裁员、换帅等动作不止,但也并没有止住它的颓势。

从细分市场份额来看，家化巨头在中国地区的节节败退有迹可循。欧睿国际的数据显示，2009—2014 年，在中国美容美发和个人护理市场，宝洁的市场份额从 15.2% 逐年下降，跌至 12.7%；在中国居家护理市场，2010—2015 年，宝洁的市场份额从 7.3% 一路跌至 6.6%。

2015 年上任的宝洁公司 CEO 大卫·泰勒曾哀叹，中国作为宝洁的第二大市场，没有一个核心品类在增加用户，甚至大部分市场份额还在下跌。

跨国品牌对人才的吸引力下降，也佐证了它们的颓势。外企人力资源机构万宝盛华的一份调查报告显示，外企就业景气指数从 2010 年开始不断下降。2010 年第四季度时，外企的雇佣前景指数是 50% 以上，到 2018 年第一季度时，这个数字已经降到了 9%。

观察者们认为，巨头们遭遇迎头一棒，原因在于中国零售业更迭变化的速度已超过外资零售巨头的想象，它们缺乏比本土企业更灵敏的嗅觉，自然难以摸准中国消费者的习惯偏好，赢得战争。

本土品牌热潮

与跨国公司在华业绩不佳形成对比的是，本土消费品牌的亮眼表现让人难以忽视。其中，从长三角和珠三角核心城市崛起了一批消费品牌——名创优品、完美日记、橘朵、稚优泉、花西子……它们在中国消费市场上掀起了一股现象级的国货热潮。

以名创优品为例，它的主打类目是日用小商品，包括生活家居、电子电器、纺织品等。店内 7 天上新，店内 SKU（最小库存单位）约 3000 多个，定价 10 元的商品占五成以上，产品经专门设计，风格统一，并无太多廉价感。

从 logo 和风格看，名创优品让人容易联想到日本品牌优衣库与无印良品，但从经营策略和产品单价看，它又迥异于这些已有几十年历史的日本连锁巨头。有人称它为新时代的"10 元店"，偏向年轻人群体喜好，具有极高的性价比，快速上新，因而也颇受年轻人欢迎。名创优品的商品里，还出现过热卖过亿的超人气爆款。

配合着在核心商圈开店的极速扩张步伐，名创优品实现了知名度和销售额齐飞。上市之前，它在全世界开出了 4200 家门店，年收入达到 80 亿元。而从 2013 年 11 月 15 日广州中华广场开业的第一家店算起，名创优品的成长期不过 7 年。

同样诞生在广州的完美日记崛起得更为迅速。

公开数据显示，完美日记天猫旗舰店粉丝突破 1000 万，花费时间不过 2 年 2 个月，创下全行业时间最短、速度最快纪录。短短 2 年做到超过 30 亿元的年销售额，这一纪录的实现与完美日记选择的突围方式有关——品牌和营销是重中之重，强调极致性价比，注重在新生代人群聚集的社交平台上蓄力发声，挖掘目标消费者的需求。

彩妆是完美日记的主打方向。在完美日记的产品线中，大部分产品单价均不足 100 元。国际大牌口红价格多位于 200～300 元的区间，而完美日记许多热销唇釉价格不足 60 元，有时候还有第二件半价的折扣。

该公司高层曾表示："很多人会第一时间想到完美日记营销做得好。但实际上，产品力才是我们的核心竞争力。"这句话指向新品开发——完美日记每个月会研发 3～5 款新品，通过加快产品推陈出新的速度来提高复购率。仅 2019 年，完美日记就在天猫旗舰店上架了近千个 SKU。相比之下，国际大牌的产品研发速度和上新频率以半年甚至一年为单位。

而希音服装不同于名创优品和完美日记，它主打海外市场，欧美、中东、印度都有 Shein 的大量消费者。正如"线上 Zara"这个名字所暗示的，Shein 也主打快速上新和物美价廉，大量服装单品价格在 10 美元的水平。

但它做得比 Zara 更为极致。无论是上新数量和速度，它都在超越这个线下巨头。据报道，它的上新量一两个月就能达到 Zara 全年的数字。Zara 14 天从工厂到门店的响应速度，曾定义了服装行业的流程管理规则，但没有线下店的 Shein 则做得比它更为登峰造极。财经媒体晚点曾报道，它借助谷歌的搜索引擎大数据来捕捉不同区域的流行数据，将打样到生产的流程最短缩至 Zara 的一半。

总结来看，物美价廉、推陈出新似乎是这波新崛起品牌的共性。它们的产品颇具性价比，设计符合新时代年轻人的喜好，同时非常善用新兴技术和平台来放大品牌音量，因而也实现了规模的极速扩张。

新国货崛起背后

抛开具体的公司发展策略层面的因素，新国货热潮兴起，还有着深刻的社会根源。

首先，这场浪潮并非凭空出现，它们依托中国此前改革开放积累的成果而崛起。

随着改革开放，到 21 世纪的第二个 10 年，中国的制造业水平已经展现出了阶段性成果，跻身为世界第一的制造业大国。在日常消费品生产制造上，中国已经形成了颇为完整的产业链条，尤以沿海的珠三角和长三角为甚。这些产业链和供应链体系是消费领域里中国品牌诞生的制造业根基。

而跨国公司此前在华 20 多年投入培养的一大批本土人才，将成为新品牌现成的操盘手。以完美日记为代表的美妆日化行业为例，正是以宝洁为代表的跨国巨头们带来的市场、产品和营销思维，如同一条鲶鱼激活了原本沉寂和封闭的市场。这些跨国公司培养的本土人才成长外溢，也给中国消费领域的创新和创业热潮注入了智力支持。

另外，中国社会消费品零售总额在进入 21 世纪后的两个 10 年里实现了高速增长。整体性的消费升级大行其道，更符合本国人行为习惯的产品，更容易得到消费者的青睐。

"学会工业化"

2008年，《第一财经周刊》以《向宝洁学习》这篇文章来致敬这家公司在华的第20年。导语中写道："20年来，这个全球日化行业的王者艰难地征服了中国人的头发、肌肤、面庞、衣物……当然，还有他们的钱袋。"

作为一个最终产品的制造企业，宝洁处在产业链的终端，它的产品与普通中国人的生活息息相关，它的成功也很大程度上与中国人消费能力和消费意识这一大背景密不可分。

1988年宝洁进入中国时，享受了中国消费品短缺时代卖家占市场主导的红利。在短缺时代，宝洁在与中国企业的竞争中属于降维打击。先进的品牌营销策略和本土化供应销售体系，让宝洁很快成为中国日化行业的霸主。

当时与宝洁合资的广州老国营肥皂厂厂长，见识到了跨国品牌的可怕之处。他亲眼看到，1988年10月的一天，日化品经销商提着装满崭新10元钞票的麻袋守在广州肥皂厂的门口。这些钞票都是用来买海飞丝洗发水的。当时工人一个月工资100多元，一瓶海飞丝要卖到将近20元，但普通人对海飞丝依然趋之若鹜。宝洁公司旗下的玉兰油、飘柔、碧浪和舒肤佳长期霸占护肤品、护发品、洗衣粉和香皂4种日化产品的畅销榜单的第一位。

如果把视线从美妆日化拉到消费品大类目，"宝洁"其实是技术和理念更先进的跨国公司的代名词。而"向宝洁学习"，总结的是中国改革开放以来消费品行业一个个细分领域正在发生的现实。整个消费产业，几乎都经历过向跨国企业取经的阶段。

中国成为跨国公司全球产业链上的重要环节后，跨国公司把全球管理网络和生产技术、人才管理及市场理念覆盖到中国。通过学习，此前封闭的中国经济系统再度融入世界，学会工业化进程中的一切。

跨国公司带来了许多新东西。它们带来了新的技术、精良的设备和品牌管理经验；带来了竞争，刺激了中国美妆行业的发展；还带来了人才体系。它们激活了中国消费行业，为此后的本土品牌崛起奠定了基础。

制造能力提升

在工业制造层面，跨国巨头推动了技术的进步。这些企业通过在中国市场上的采购，以世界标准来要求国内产品的质量，中国国内厂商不得不努力提高生产技术和管理水平。

以美妆日化行业为例，跨国公司和本土企业往往以OEM（原始设备制造商）贴牌加工的合作方式来生产自己的产品。对这些巨头而言，OEM生产方式比自己建厂更为灵活，成本更低。它们可以通过产品设计、配方开发和生产阶段的技术标准和技术援助来管理供应商，从而把控产品质量。

正是在这种合作机制下，OEM供应商可以学习到跨国公司先进的技术标准，有时候双方合资开发技术，也能提升中国本土生产商的技术水平。

一份宝洁成立 30 周年的材料显示："宝洁 50% 的投资在广东,包括亚洲较大的工厂、较大的数字创新中心及最新的设备投资。宝洁每年在广东采购的商品和服务总额达数十亿元人民币,涉及200 多家公司。"

200 多家公司,几十亿采购额,可以说,宝洁对广东美妆行业发展有不小的助益。宝洁的订单,对区域生产力格局产生了重要影响。此后,广州和广东事实上形成了美妆产业的集聚,成了整个中国日化行业的中心。

据公开数据,截至 2020 年 4 月,国内化妆品许可生产企业数量为 5287 家,广东省占比 54.70%,为 2892 家;排名第二的是浙江省,获许生产企业 566 家,占比 10.71%。

目前国内全世界最强的化妆品 OEM、ODM(原始设计制造商)的工厂几乎都扎根在长三角和珠三角,为大牌化妆品代工多年后,它们已经呈现体系化运作方式。

在新时期里,这些生产厂商所形成的生产供应链条也会成为国产消费品牌崛起的基础设施。以完美日记为例,它的生产制造商科丝美诗同时也是欧莱雅的制造商。有人说,这些国产品牌的崛起是站在巨人肩膀上的。

鲶鱼效应

跨国公司还带来了竞争。

在与国际巨头的短兵相接中，国内的企业会充分感知到市场竞争的残酷。领先者往往具备更好的获利能力，这无疑会刺激本土企业通过各种方法去学习借鉴跨国公司先进的生产技术和管理方法。

本土企业因此对品牌、质量、服务有内在的提升动力，这有利于给市场带来活力，市场机制也因此更加完善。

经济学家厉以宁以鲶鱼理论类比过中国的经济改革，他认为，跨国公司进入中国带来了竞争，会大大提升本土公司的竞争力。

美妆日化领域正是这一理论的佐证。正是因为跨国巨头到来，中国的日化行业基本以国企主导、相对沉寂的市场局面开始改变。

经过宝洁等跨国公司的冲击与行业洗牌之后，一部分国有企业黯然退场，取而代之的是更有活力、创新能力更强的民营企业。

《中国轻工业年鉴2009》显示，2003年国内美妆行业企业的所有制构成中，民营经济占据大头，超过53.35%，合资企业占比16%，国企份额为3.3%。

竞争淘汰了落后的设备和生产工艺，行业整体技术水平得到了提升。鲶鱼的故事不仅发生在日化美妆行业，还发生在家电、手机等多个领域。

溢出的人才

跨国企业的溢出效应还体现在人才体系建设上。依然以数据相对更具可观察性的美妆日化行业为例，宝洁是这一领域里最大的人才输出方。

公开数据显示，截至 2018 年，宝洁进入中国以来雇用了超过 7000 名员工，其中 98% 为中国本土员工。熊青云曾是宝洁大中华区历史上职位最高的华人高管，她接受《第一财经》采访时总结过宝洁的三波人才流动历程。除了 20 世纪 90 年代中后期出现过人才从宝洁流向其他外资企业之外，21 世纪之后，人才都是流向本土公司的。一波去的是本土的消费品公司，在 2008 年前后，他们带去了在宝洁习得的专业市场营销技能；另二波出现在 2012 年前后，大量人员流向了互联网公司的市场部门。

出走的宝洁前员工中，不少人服务于跨国巨头们的本土竞争对手，其中也包括 2010 年加入宝洁旗下护肤品牌 OLAY 市场部的孙蕾。她 2010 年加入宝洁，2013 年离开，现在是完美日记的首席市场官。

中国企业在"宝洁"们的洗礼下迅速走向成熟。在更为开放的市场里，本土企业的创造活力被激发。它们是宝洁的学习者，但当条件成熟时，跟跑者也会创造出新玩法，变身新时代的引领者。新崛起的国货品牌善于利用新兴社交软件，就是现成的例子，通过新兴平台和数据工具，完美日记等玩家立即脱颖而出。

中产崛起与消费升级

如果将新国货浪潮视作中国社会内生的消费结构性调整，它的驱动力也需要到消费群体本身的变化以及消费—生产制造的动态关系中寻找。

首先,这10年里中国社会总体的消费能力继续释放,中国人消费得起更好更贵的产品了,这带来了全社会层面的消费升级。在分层的消费升级浪潮里,重视性价比的国货品牌有了不小的生存空间。

其次,经历改革开放最初30年的发展,中国制造能力大幅提升。商品短缺的时代早已成为过去,买方市场已成大势。多样化、本土化、更贴近中国人生活习惯的产品,自然会蚕食从前靠大媒介、大渠道获得垄断地位的国际品牌市场份额。

而在庞大的人口基数下,即使只切中部分人群消费偏好,新兴品牌也能占据一席之地。它们崭露头角后就会在激烈的竞争中快速补齐短板,从而获得更长远的发展——这是10亿级消费者市场所特有的魔法。难怪国际咨询公司埃森哲在一份消费报告里感慨:"在中国,规模真是件让人着迷的事情。"

城镇化水平提高、中产崛起带来消费升级

咨询机构麦肯锡在2018年有过一份针对全球消费者信心的调查。调查显示,中国有26%的受访者整体处于消费升级状态,而全球另外10个顶尖经济体的平均比例为17%。

中国的消费者信心和消费升级趋势有坚实的社会支撑——2010—2018年,中国的城镇化水平还在提升,中产规模持续扩大,全国的人均可支配收入也有了倍数级增长。而这些都支撑着一个庞大的消费市场的形成。

中国城镇化进程经历了改革开放最初30年的迅猛发展，到2010年首次超过50%。其后的十余年里，这个数字并未放缓。到2018年年末，我国常住人口城镇化率达到59.58%。每提升1百分点，意味着有1000多万人口从农村转移到城镇，这客观上带来了整体居民收入水平的提升。

收入的提升表现在消费能力的提升上。2010年之后，中国的社会消费品零售总额在几年内实现了倍增。2000年时，中国的社会消费品零售总额仅为39105.7亿元，不足4万亿元；10年后的2010年达到了15.8万亿元，是10年前的近4倍；到2018年，这一数字为38万亿元，已经是2010年的2倍有余。到2018年时，全国居民人均可支配收入也达到了28228元，为2010年的2.3倍。

2017年年底的中央经济工作会议曾总结过这一时期中国的阶段性成就，其中首次提到了中国的中等收入群体，会议将其总结为"形成了世界上人口最多的中等收入群体"。这个群体超过3亿人，大致占全球中等收入群体的30%以上。超过3亿的中产人群，意味着中国中产总数量接近美国人口总量。

庞大的消费市场已经形成，整体性的消费升级呼之欲出。

一方面，中国市场在全球奢侈品消费市场上表现得一枝独秀。公开数据显示，2018年，中国人在境内外的奢侈品消费额达到7700亿元人民币，占到全球奢侈品消费总额的1/3。

另一方面，从前消费潜力未得到开发的人群的整体消费能力也得到了提升。对于这部分消费者而言，高性价比的便利店、精品电商及新零售业态，取代了从前的零散化消费。

国泰君安的一份研究报告显示，中国约有 10 亿人口处于大众消费和品牌消费阶段，人口基数大，收入增长快。在这个区间，消费企业获利难度小，因而为超市、电商、国货品牌等带来巨大发展空间。以名创优品为代表的强调极致性价比的公司，正是这波浪潮的受益者。

买方市场和消费本土化倾向

"光辉和荣耀属于改革开放。"回溯今日中国社会发展的各项成绩时，人们经常会想到这句话。它并非毫无指向的抒情，在新国货浪潮的崛起中，改革开放最初 30 年里制造业发展推动的市场供需关系变化起到了重要作用。

世界银行数据显示，2010 年中国制造业增加值首次超过美国，成为全球制造业第一大国。制造业发展水平的提升，让主要消费品行业实现了从供应不足向供应充裕的巨大转变。商品短缺彻底成为历史，中国社会由生产销售者占主导地位的卖方市场，转向了由消费者占主导地位的买方市场。买方市场意味着激烈的竞争，消费者偏好因而成了生产制造的指挥棒。

咨询公司麦肯锡在 2017 年的中国消费者调查显示，在调查的 17 个品类中，有 8 个品类的受访者都表达了对本土品牌的明显偏好，这些品类在中国商品零售总额中的占比超过一半。

这种偏好除了文化因素，本土品牌在竞争中的灵活性是更重要的原因。贝恩咨询的一份研究报告指出，中国新生势力品牌的优势在于它们更了解本土消费者的需求，能更快地迎合改变，大量运用数字化平台与消费者互动，并采用了更灵活的、由创始人主导的运营模式。此外，本土新生势力品牌能在更短的周期内提供大量满足消费者定制化需求的产品，贴合本土市场和用户习惯的产品更容易得到消费者的青睐。

有两个关于宝洁的小故事总被观察者们反复提及，它们也许可以被视作跨国公司在 2010—2020 年丧失竞争优势的一个佐证。

完美日记联合创始人孙蕾还在宝洁旗下护肤品牌 OLAY 市场部时，发现电商渠道正在消费者行为中占据越来越重要的位置，而对线下渠道的关注度在逐步下降。她向上级要求重视电商渠道，却未在公司内部得到足够多的战略资源倾斜。她很快意识到，"把电商做好的瓶颈其实来自宝洁内部"。最终，她于 2013 年离开了宝洁，而她加入的国货品牌完美日记正是通过电商崛起的典范。

2015 年上任宝洁大中华区总裁的马睿思，曾经总结过当时公司遭遇困境的缘由："我们倾向于把中国看作是亚洲市场的一部分，把宝洁为其他亚洲发展中国家开发的技术和产品带到中国，然后再应用到中国市场之中。"

决战性价比市场

过去10年发生在日用消费品领域的新国货浪潮，还深深植根于中国制造业发展的土壤。它的崛起依托中国制造完备的生产链条和新时期里方兴未艾的互联网科技，它的局限也映射出中国制造业往产业链条更高阶段爬坡时的艰辛。

"世界工厂"和供应链的胜利

国家统计局2019年发布了一份中国制造业的统计报告，将新中国成立70年的工业成果总结为"一个行业比较齐全、具有一定技术水平的现代工业体系已经形成"。这个工业体系包含41个工业大类、207个中类、666个小类。除了完备的工业门类，中国制造业的增加值在世界范围内也一直名列前茅，成为驱动全球工业增长的重要引擎。中国轻工联合会资料显示，钟表、自行车、缝纫机、电池、啤酒、家具、塑料加工机械等100多种轻工产品的产量，中国已居世界第一。

相比国内的生产力分布而言，这些成绩着眼于一个更为恢宏的图景。它意味着中国经历了几十年的发展，已经从一个封闭的体系，深刻参与到了全球竞争中，在某些领域里甚至实现了赶超。新国货品牌在"双11"等大型消费节点销售数据登顶，就是一次比拼——当所有品牌在同一起跑线上，国内的制造业在一些单点上已颇具竞争力。

这些突破和整个国家的工业水平积累，支撑着2010—2020年期间的许多创新，让一些品牌有了不输国际同行的表现。比如快速扩张到4000家门店的名创优品，《日经新闻》称其正在超越日本的连锁零售商。

名创优品的亮眼表现和极速扩张是通过极致性价比来实现的。而后者来自企业对供应链的成功管理。它除去了多级经销环节，直接从工厂采购，缩短供应链条，提升效率，打造从工厂到店铺的极致短链供应。

这种极致性价比又带来了巨大的消费人群和流量，让企业在供货生产商面前具有更强的谈判能力，从而找到更为优质的生产制造商。同时，巨大的流量让"以销定产"得以实现，有效降低了库存；通过对门店的数字化管理，还能预估市场需求，进一步降低采购成本。可以说，名创优品的成功是企业内部供应链管理的胜利，也是整个中国的小商品生产制造供应体系的胜利。

同样的情况也出现在完美日记身上。它能实现低价和快速上新，在于广州或者说长三角、珠三角已经形成了非常完整的美妆产业集聚。企业具备链接更好的生产厂商的能力。这些是支撑着完美日记、橘朵、稚优泉、花西子们崛起的根本。

线上快时尚巨头Shein超越Zara的极速相应能力也植根于此。它的供应链中心在广州番禺，由于SKU多，为了便于追踪消费者喜好，单个SKU的订单量初期并不大，只有在服装产业链条颇为完备的广州等珠三角地区，Shein才具备打通供应链流程、提升用户体验、打破公司发展瓶颈的可能性。而通过超高效的供应链管理，Shein 的确实现了在美国、中东、印度等一个个市场的爆发。

正是从生产到品牌环节的共同努力，在充分竞争的中国消费场上，中国人自己的产品才具备了对抗国际品牌的能力。

艰难的拉锯

以完美日记和名创优品为代表的新国货浪潮来袭，性价比是它们共同的优势。而正是中国制造此前 30 余年的积累，才有了这些新生品牌的优异表现。

学者郭斌将这种能力称为低水平制造能力。它让本土企业能够满足从农村进入城镇或者收入提升所释放出来的增量市场需求，而这部分市场是从前跨国公司进入中国时相对忽略的领域。后者在进入中国后的很长时间里会专注于高质高价市场，以获得丰厚的产品利润。中国企业通过避开与跨国企业的直接竞争，得以找到初始阶段的生存机会。现实中，中国的彩电、空调、冰箱市场都经历过本土企业加入市场竞争，最终把产品价格拉到普通家庭能接受的程度的情况。

郭斌认为，性价比市场是一个越来越重要的市场，这 20 多年来它占据中国市场的比例不断扩大，逐渐成为本土企业和国外企业共同关注的竞争领域。

他将性价比市场分为价格敏感型市场和价值敏感型市场。随着中国市场的发展成熟，中国企业的技术能力提升，一些企业逐渐向上迁移，具备了生产更好产品的能力。而一部分对产品和性能敏感的用户，也将国产的高质量、高性价比品牌纳入了选择范围。这样，原本的国际高端产品的受众就被国产的价值敏感市场区间的产品所蚕食。

现实中，这样的案例并不少见。小米、OV（OPPO 和 vivo）系在电子消费品市场的表现就正在侵蚀苹果、三星的消费者基本盘，而中国的汽车厂商如吉利，也在侵蚀原来德企、日企品牌的市场空间。

这也让许多大牌因此开始重视性价比市场。典型的案例是苹果公司在推新品时开始重视中低端市场，推出了减配版手机。在汽车市场，这一迹象也很明显。国产汽车品牌在 SUV 市场逐步上探中高端市场，让大众等跨国公司颇为在意，它们纷纷下压价格，试图阻止中国品牌的市场向上迁移。

这意味着在相当长的时间内，中国本土品牌和跨国公司将在性价比市场展开激战。之所以出现这一场景，由两重因素决定：第一，中国本土企业发展时间与以跨国公司为代表的老牌消费品巨头相比还太短，离掌握产业里的真正核心技术、沉淀出工业文化还有不小的距离。短时间内中国本土品牌还难以吃下高端市场，它们在中低端市场努力上探的姿态会继续。第二，中国消费者收入增长空间不小，对跨国公司而言，这是重要的潜在消费人群，它们也会持续进行价格下压的动作。

决战性价比市场，这或许是未来中国消费市场的重要关键词。

而对中国本土企业而言，面向国内市场专注技术研发，避免陷入低端锁定和国内竞争对手的低端厮杀困境，成了未来生存的核心命题。

以美妆领域为例，在完美日记崛起之前，护肤品牌 HFP 曾被视作国产品牌的一匹黑马，于 2018 年杀入"双 11"美妆前十榜单。但到 2019 年，它已经消失在了这份榜单上。这样的案例在这一波新国货浪潮里并不罕见。

"其兴也勃，其亡也忽"，新品牌崛起到沉寂如此迅速，当然与激烈的市场竞争不无关系。此外，它可能也反映出中国消费品牌乃至制造业打造高端制造品牌之路的艰辛。

与之相比，国际的化妆品巨头们影响力却相对稳定。它们的客单价比国产美妆品牌高出几倍，欧莱雅、雅诗兰黛、兰蔻等长期占据各种榜单前列。即使此前在数字渠道等新兴平台上遭遇过水土不服和投入滞后，但顶级品牌的市场占有率和它们的利润率一样，仍然可观。

从这个角度来看，中国品牌是靠薄利多销实现的规模扩张。这种路径在工业化初期是打入市场的有效手段，但随着整个国家制造业的发展，中国企业也应具备向产业链条和价值链条更高阶段发展的企图心，突破后发工业化国家的"低端锁定"。

中美对抗的大历史背景下，工业尤其是制造业如大国之筋骨。对中国制造业而言，以开放和竞争求发展，提升自身实力，是永恒的课题。这是旷日持久的征途，中国制造，仍在途中。

第五章

超越地理

2018年以来，中美贸易摩擦爆发，中国发展面临的外部环境发生了重大变化。新冠疫情让国际形势中的不稳定性上升，国际体系和全球治理体系都发生着激烈变革和调整，可谓"百年未有之大变局"。

疫情发生之初，国内舆论一片惊惶。许多人担忧国际产业链条断裂，制造业流出中国，国内遭遇产业空心化。但随着中国疫情控制得力，经济逐渐复苏，出口断崖下跌的境况并未出现，中国出口数据反而因稳定供应而有所提升。

但国际体系中的不确定性仍然存在。经济学家称，中国正遭遇发达国家和发展中国家的双重挤压。发达国家希望在国内重建生产链，发展中国家希望凭借廉价的生产资料优势抢走低端制造业的份额。此外，许多国家出于安全考虑，也在思量在中国之外寻找一个支点，备份相关供应链以降低风险。对中国而言，产业链条松动或转移的风险仍在，如何应对这种风险和危机成了一定时间周期内中国面临的最大课题。

2020年下半年重磅新闻频出，政府的基本思路是对内坚定不移搞发展，对外继续扩大开放。11月，中央明确了"十四五"规划的基本精神，其中对制造业发展和产业链安全着墨不少；同月，中日韩及东盟等 15 个国家和地区签署了区域全面经济伙伴关系协定（RECP），全球最大自贸区诞生；年末，谈判多年的中欧投资协定签署。

这意味着"构建以国内大循环为主体，国内国际双循环相互促进的新发展格局"，正一步步落到实处，中国正以现实行动来应对危机。出口、投资和消费这三架驱动经济增长的马车，都已经以新的逻辑启动，进一步对外开放、更深层次挖掘内需和新一轮基础设施建设正当其时。

一方面，中国此前的全球化深度依赖东南沿海—太平洋—外部海洋世界这一通道，不仅国内的城市布局和经济活动在沿线地带更为密集频繁，中国的能源资源进出也都仰赖于此。但随着与主要海洋国家的紧张关系，从分散风险、国内均衡发展和国家安全的角度，重拾对欧亚大陆的关注变得颇为重要。中欧班列链接了从前被视作世界心脏的内亚腹地，中国和西欧的陆上联系被重新建立。在脱钩紧箍咒一再响起之际，这是中国在新的历史周期里进一步扩大开放、寻找经济新空间的尝试。它也是试图打破现有国界限制，探索国际循环中如何超越地理阻隔后的新可能性。

另一方面，大内需时代开启，制造业和新的发展格局的形成，让国内城市的区位因素和城市竞合模式开始调整。为了从内需中挖掘新的发展动力，城市间的竞争越来越超出原有的地理限制。谁有能力更好地构建与国内消费人群和产业链条之间的联系，谁就在城市竞合中站在了更有利的位置上。新的科技,从国内市场成长起来的枢纽品牌,以及更平等更开放的营商和人居环境,一个城市脱颖而出的理由可能越来越超乎想象。

在此前的经济周期里,园区经济作为地方发展经济的重要组织形式,曾引领改革开放进程。但在新竞合模式下,产业集聚的形成与繁荣正超越地理和房地产逻辑。对地方政府而言,新的考验是城市发展和产业繁盛都在呼唤更专业的运营。那些具有强大运营能力,能为产业提供发展助力的产城运营者,已越来越成为推动区域经济发展和影响城市产业格局的新基础设施。

09

从运河到中欧班列
重塑地理的基础设施和供应网络

2020年9月底,中国国家铁路集团发布了一组数据,2020年1—9月,中欧班列开行8756列,同比增长46%,共运送货物79.5万标箱。对增长企稳的中国国民经济而言,这组数据并不显山露水。但对比往年则能看出趋势——2019年中欧班列全年开行列数为8225列。虽然有疫情这一特殊因素的干扰,2020年前三个季度却超过了此前一年的运营量。

新冠疫情对全球经济和贸易带来的打击和影响不言而喻。全球航空和海运出现了不同程度的禁飞、停运、减运,物流不畅,贸易萎缩。流通是国际产业链和贸易往来的必需品,此时却成了奢侈品。2020年中欧班列飙升的开行数据说明，在国际大物流联通不畅之际，它事实上发挥了联通亚欧大陆的作用。

从普通人视角看，中欧班列似乎离日常有点遥远。一个人很难通过某个特定列车去探寻它所途经线路的风土人情，它并非客运线，也不是从某个特定的站点发往另一个站点的列车，它是对运行在中国各开通班列城市与欧洲及"一带一路"沿线国家间的铁路国际联运列车的统称，由中国铁路总公司组织，按照固定车次、线路、班期和全程运行时刻开行，车上载满集装箱。

中欧班列又与普通人的生活息息相关。它从中国运走的是笔记本电脑、打印机、轮胎、汽车配件、日用百货，从欧洲运回了宝马汽车、牛奶、葡萄酒、猪肉和木材。也许某一次你从商场超市里购买的西班牙猪排，就是通过中欧班列运到中国的。

2011年3月19日，首趟中欧班列"渝新欧"从重庆出发，开行10年后，截至2020年下半年，国内已有63个城市开通了班列。如今，这条线路终于初步呈现出亚欧大陆间洲际通道应有的繁忙。

这条通道所带来的价值当然不局限在疫情期间，可能也并不能止于经贸。它还指向一个实现洲际联通的基础设施和供应网络，以及由此带来的乘数效应。

中国人对这种效应并不陌生。1500年前开始修建的大运河是另一个典型案例。在长达千年的历史里，大运河成功演示了在一个相对封闭的经济体系内，人口、商品和财富如何因链接而得以产生、聚集和裂变式增长，而在这一通道中，任何细微的路线变更都深刻影响了生产力的地理分布和城市的命运。从这个意义上讲，这条交通大动脉维系了封建王朝的运转，事关帝国的政治安定、商贸流通稳定和文化繁盛。

后工业时代诞生的中欧班列的复杂性当然远超京杭大运河。首先，它从地理上超出了一国界限。在全球化退潮的新历史周期里，中国以更为积极的姿态去参与国际合作；另外，在中美贸易摩擦大背景下，中国对外的战略出口正发生调整，从以东南为重心的海洋逻辑向中西部调整，变为海陆并举。

作为陆上邻国最多的国家，这既有利于我国扩大和深化中国经济层面的对外开放，又为国际国内双循环格局下中国的生存发展争取更多战略空间。

大运河：封闭农耕文明的王朝生命线

公元608年被历史学家黄仁宇视为中国历史上重要的一年。

这一年，隋炀帝下令在华北地区开凿连接洛阳和今天北京的永济渠。加上4年前他登基之初开凿的通济渠，从此隋炀帝治下的每一个行省都可从水路到达。直到19世纪，中国封建王朝都离不开大运河所建立起来的漕运制度。

中国封建王朝兴修人工水利运输灌溉工程由来已久，大运河是其中最享有盛名的超级工程之一。它延续时间长，横跨地域广，不同历史时段因政治和自然因素导致走向时有变动。学界将从开凿邗沟开始的2500年运河史分成了几个阶段，直至隋炀帝时期的一系列工程，今天的人们称之为"中国大运河"的超级基础设施才正式出现。

自春秋时期吴王夫差修建连通黄河与淮河的邗沟开始，古人就意识到了水道联通的重要性和必要性。之后的朝代里，封建君主在现实需求、技术水平和国力限制等多种因素制衡下，在不同的水系间修筑了不少工程。如湘江和漓江间的灵渠沟通珠江和长江水系，浙东运河沟通姚江、甬江、钱塘江等多条东南自然水系等。这些人工河流多因战争需要而开挖，随着泥沙堆积而淤塞，因清淤维护成本高，多为一时或一地的工程。

至隋炀帝时期，动用"三百万兵丁修建运河"，终于实现了南北水系逐渐联通。唐、北宋等历次维修，动员人数都不下十几万人，大运河成为越来越重要的水道。这一时期以洛阳为运河的枢纽，通济渠、永济渠、山阳渎、江南运河四段贯通，全程2700千米。由洛阳往西可达长安和关中，往东南到江南，往北至北京，交通大动脉由此雏形已现。

南宋初年黄河改道，淮北一带隋朝开挖的大运河因泥沙淤塞。元代重修运河后裁弯取直，由通惠河、北运河、南运河、会通河、淮阳运河和江南运河六段组成。大运河的南北路线不再需要通过洛阳中转，从走向上真正实现了南北直行，缩短航程千余里。今天所说的京杭大运河多指元朝定都北京、裁弯取直后通达杭州的线路。

正是大运河和它所构建的流通体系具备的政治经济效益，让黄仁宇将之视作了历史的某种分水岭。这条水道充分展示了联通的价值：它连接起北方的政治中心和经济上越来越重要的南方地区，兼具政经战略意义，关乎王朝政权稳定；商贸往来则让运河沿线兴起了一批工商业城市，事实上形塑了运河主导经济流通时代的经济空间分布。

维护政权统一

水利工程在中国封建时代是彻底的国家行为，它与农业生产、国家财政之间存在密切联系。大运河更是一条战略通道，从诞生之日起，它承担着的资源动员、国防战备和确保政权稳定性等职能就彰显无遗。

公元604年，隋炀帝登基。他接手的是一个刚刚结束300年南北分立，实现统一的新生帝国。从六朝开始，江南土地逐渐开发，这一区域对隋朝而言，既是新纳入统治范围的政治边缘地带，又是经济上物资和粮食赋税的新来源。从根基未稳的封建王朝政权稳定的角度出发，与南方的联系变得愈加重要。

隋炀帝多管齐下，一面将国都从长安迁到洛阳，迁都圣旨提到的迁都原因是，"控以三河，固以四塞，水陆通，贡赋等"——方便国内的水陆交通联系，获取赋税等。另外，为了显示对南方的重视，江南的水上枢纽——扬州的战略重要性被隋炀帝提高。610年，隋炀帝将扬州太守的官品提高到了和京兆尹一样的品级。

最重要的一手当属开凿运河。中国的自然河流多为东西走向，黄河、淮河和长江都不具备南北连接的功能，人工开凿河流成为唯一的选择。历史学家葛剑雄认为，永济渠解决的是远征高句丽军队的粮草运输问题，为北方的战争提供必要的后勤保障；通往扬州的通济渠意在将江淮一带的粮食运往洛阳乃至长安。从这里也能看出大运河政经并举的特性。

上海社科院历史研究所学者张晓亮也认为，除了物资运输，隋朝的漕运活动还包含了削弱与控制北齐、南陈故地，加强关陇核心区的用意。漕运建设和其他措施多管齐下，使南方地区在经济上被剥夺了钱粮，在交通方面被运河线深入到钱塘江流域，在军事上被解除武装，其人力与物力还要被北调参加对高句丽的战争，南方地理板块在政治经济全局中处于附属地位。

政经并举，战略要道

隋炀帝之后的封建统一帝国里，中国的经济重心进一步往东南转移，政治中心却始终位于北方，经济重心和政治中心的分离格局始终没有改变。隋唐两代首都在长安或洛阳，北宋定都开封，国家的政治中心没有离开华北中原一带；到明清定都北京，依然位于北方。从这个意义上看，此后历代封建君主面临的处境，与隋炀帝时所需要解决的问题并无太大改变。大运河也因此历经数朝而未衰，始终被视作重要的战略通道。

从历朝的人事设置上也能窥见大运河的重要性。明代永乐帝开始在运河上设置主管官员——漕运总督，之后它成为明代官场上京师以外所有地区最有影响力的官职之一，也是官员仕途生涯中重要的阶梯。《明代的漕运》中考证统计，明代91名漕运总督中，32名之后成为内阁重臣。考虑到内阁任职时间之长及其在明代政治生活里的重要性，黄仁宇认为，这个记录足以证明漕运在封建王朝政治生态里的重要性。

税收记录则是更明显的证据，大运河成了封建帝国维系统治的重要资源。学者许檀考证，在明代，京杭大运河是全国商品流通的主干道。当时全国共有八大钞关，负责对商品流通征税，其中有7个设在运河沿线。从北至南依次为：崇文门（北京）、河西务（清代移往天津）、临清、淮安、扬州、浒墅（苏州城北）、北新（杭州）。万历年间运河上七大钞关所收商税共计31万余两，天启年间为42万余两，约占八大钞关税收总额的90%。

此外，黄仁宇还从军事和农民起义的路线上观察过大运河的价值。他发现，宋代以来大多数重要的政治事件和军事行动都发生在大运河沿线地区。明代燕王起兵夺取帝位，走的是运河沿线；明代历史上另外两次皇族叛乱也因朝廷对河路的封锁而被镇压；两次农民起义也发生在运河沿线。

清代大臣董恂有言："京师控天下上游。朝祭之需，官之禄，主之廪，兵之饷，咸于漕乎供给，而饷为最。"这番言论虽发于清代，却适用于受运河影响的此前诸多朝代，是对大运河在国家政治生活里的重要性的总结。

南北商贸带来人口和财富

大运河被视作"黄金水道",在隋炀帝时代辐射了其治下所有行省,在明代涉及明代13个布政司中的9个,清代关内18行省中的14个及广大关外地区。它沟通起了海河、黄河、淮河、长江、钱塘江五大水系。

这种连通性让运河沿线迅速成为人口聚集地,一大批城镇因运河而改变命运——当运河流通发达时,运河上的枢纽能迅速崛起成为地区商贸中心。

以临清为例,它位于山东东北部,隋代永济渠开通途经这里。当时的江淮粮米多通过江南运河、邗沟和通济渠运至洛阳关中,临清所在的永济渠用途并不十分明显,但它仍因此受惠,"唐代宗时已成为大县"。到元代重修淤塞河道,开通会通河段,作为会通河与永济渠汇接点,临清成了运河上的枢纽要地。明代朱元璋在这里建临清仓,储存军队粮饷。永乐帝迁都北京后,重修会通河,提升航运能力,大运河的漕运功能得到了充分发挥。临清也因此成为"南北要冲,岿然一重镇"。

从功能来看,一方面,临清是运河沿岸最重要的粮食转运枢纽。当地的运河研究者考据发现,临清仓承接了包括江淮一带和河南等南北多地的漕粮,在明成化之前,这里是运河沿岸的第一大仓,当时称"常盈仓"。历史学者还统计过,临清的税收总额颇为可观,万历年间临清钞关每年所征商税居全国八大钞关之首。由于钞关的税收是从往来商船中征收而来的,这意味着,明清时期运河是中国封建王朝最重要的流通渠道。

另外,运河也给临清带来了繁华的工商业。明清时期,临清手工业发展水平颇高,当地砖厂生产的砖瓦甚至供到了北京,为紫禁城的宫殿修缮提供材料。船舶维修、冶炼、丝棉纺织等南来北往各行各业的人群汇集在此,《明实录》记载,万历三十年(1602年),当地有"锻店三十二座,布店七十三座",由此可以窥见一座城市因流通而获得的贸易和财富。

当时的诗歌,俨然将临清描绘为一个人口稠密的大都会,历史学者傅衣凌推测,明代中期,这里的人口已近百万,这种规模在中国古代城市里并不多见。

城市兴衰系于运河

临清的繁华只是运河城市景象的一个缩影,这条黄金水道上还有不少节点因河而盛。比如从隋代开始政治地位被提升的扬州,它处于大运河和长江交汇点,位置超然,其繁华景象不逊临清,到明清时也是漕运和盐运枢纽,巨贾云集。而号称"运河之都"的淮安,明清时期税收在当时各大钞关中也名列前茅。

但历史里没有无止境的繁荣,"舞榭歌台,风流总被,雨打风吹去"。运河作为封建王朝的基础设施,也有其生命周期,一旦运河走向改变或退出航运舞台,这些因运河而兴的城市也迅速走向衰落。

临清、淮安、扬州等城市因运河而崛起，随运河淤塞停运而衰颓，它们的际遇是流通格局变化和全国性经济布局变化的某种表征。

学者许檀关注明清时期商品流通格局时发现，进入清代乾隆年间，由运河北上的商品逐渐转从更便利、价格更低廉的海路北上，运河商税很快开始出现征不足额的现象。

1874年，漕船由海轮代替，1900年，中国封建王朝改变了赋税征收方式，不再征收实物，改折现金，运河彻底丧失了流通大动脉的价值。随着新的基础设施兴起，临清、淮安、扬州这些曾经的漕运重镇在新的城市格局中已难觅昔日荣光。

江苏省社科院历史所学者王健解释了这些城市命运变化的根由："漕运、盐业、治水、造船、商贸等依托运河水运为发展基础的活动虽有经济属性，但在性质上更属于由中央集权国家所垄断和控制的活动，与古代传统的国家的命运紧密结合。一旦国家丧失从事这类活动的能力和需求，漕运、治河、盐运、造船及商贸等传统垄断活动顿时消失。加之黄河改道，作为古代唯一南北交通大动脉的运河交通的中断，在长期战乱、自然环境破坏、海运及现代交通运输工具兴起等多种因素共同作用下，这些城市迅速衰落下去。"

今天的大运河已丧失了战略性基础设施属性，但它彰显了一张通过河流编织而成的交通网络对人口、资源和财富的集聚效应。在一个相对封闭的体系内，在经济发展阶段不一的不同河流流域之间，连接最终改变了这些流域之间的差异性，让这片土地融合成了一个整体。正是这种效应，使得封建统治者们所费虽靡，但仍然有强大的动力来维系大运河的贯通。这是中国内陆版本的大陆联通计划。

中欧班列：超越政治和战争的新可能

人类对连接的探索从未止步。

120年前，瑞典探险家斯文·赫定穿越亚欧大陆，征服亚洲的心脏地带时，将两千多年前汉代开始出现的从西安经安西、喀什噶尔、撒马尔罕和塞琉西亚直到推罗的交通干线称为旧世界最长的路。

斯文·赫定的老师李希霍芬是当时欧洲的著名地理学家，他将这条陆上通道命名为"丝绸之路"。穿越这条道路时，斯文·赫定克服了重重艰险，一路上得到了波斯大帝、俄国沙皇和中国军官的接见或许可。他应该没有想过，120年后，这条陆上通道依然破碎而难以穿越。

与斯文·赫定同时代的地缘政治学者，陆权论的提出者哈尔福德·麦金德在1904年发表的《历史的地利枢纽》中指出，通往印度的好望角航路的发现，将亚欧大陆西部和东部的沿海航行路线连在一起，尽管这是条迂回的路线，但它抵消了从前大陆心脏地带游牧民族处于中央位置的战略优势。

麦金德认为，航海家们开启的大变革，赋予了基督教世界飞行活动以外最广泛的机动能力，它的影响力反过来笼罩在从前威胁其生存的亚欧陆权国家之上。亚洲的心脏地带封闭，既无木材又不易得到修筑公路的石头，因此修筑铁路是改变其机动性的最好办法。他进一步认为，被铁路网络所覆盖的广袤区域将继续成为世界政治的枢纽地区。

这仿佛是几十年后亚欧大陆上此起彼伏的大陆桥及铁路联通计划的理论先声。

20世纪50年代，随着大型国际标准集装箱运输的产生和发展，一种通过集装箱把横贯大陆的铁路连接起来，与两边海上运输线形成跨越大陆海洋的国际联运方式出现。1959年，联合国亚太经济社会委员会提出了"横贯亚洲铁路计划"。1967年西伯利亚大陆桥试运行，苏联、日本、韩国、中国及东南亚各国的货物从中国东部的港口，经跨越亚欧的俄罗斯西伯利亚铁路及亚欧各国互相衔接的铁路网络，运至欧洲。

西伯利亚大陆桥的运行启发了中国。中国的铁道部门与沿线各国接触协商，1990年，中国—哈萨克斯坦铁路在边境接轨，1992年投入运营，这条铁路被称为第二亚欧大陆桥。这条路线货运距离比西伯利亚大陆桥显著缩短，比经苏伊士运河、巴拿马运河、绕道好望角的货运距离少上万公里，因而具有明显的成本优势。但由于当时中欧之间的贸易往来规模不大，铁路运力不足、口岸通关不畅、物流信息服务差及换轨不便等问题一直困扰着这条路线。

中欧班列的出现是新时期的产物。根据海关总署数据，2012年，欧盟成为中国第一大贸易伙伴和进口来源地。新的交通运输通道和联通方式呼之欲出——2011年的3月，"渝新欧"从重庆出发了。

内陆城市改变区位劣势

中欧班列的第一趟列车"渝新欧"在2011年3月19日开行时，肩负着助力重庆市打造内陆开放高地的战略使命。

重庆在地理位置上深居中国西南腹地，从传统以东南沿海为战略出口的观点看，这里的运输成本极高，费时且费力。从面向全球市场的制造企业角度来看，如果运输成本过于高昂，它们势必没有动力落户重庆。

对重庆而言，承接像笔记本电脑生产制造这类产业的转移，则是城市产业转型升级的重要环节。当地市政府在2008年之后就积极联系惠普等跨国巨头及广达、宏碁等台资企业落户重庆，一些电子制造业企业的确来了。最初，重庆为解决问题，开通的是开往中国东南的直达班列。这种直达列车相比此前经长江航道到上海最后到欧洲的江海联运路线，成本大大降低，效率也有提高，但整体耗时仍颇长。

2010年，惠普公司提出了亚欧大陆铁路联运方案。它与一名叫罗纳德·克莱维特的高管有关。2006年时，罗纳德·克莱维特还是鸿海集团的物流战略相关负责人，曾带着鸿海集团创始人郭台铭的要求，在中国的铁路关口奔走。当时，中国的西部大开发战略如火如荼，郭台铭期望找到从中国西部经陆上运输产品到欧洲的方案。

2008年，富士康最终选定了经过西伯利亚铁路的路线。富士康的产品安全平稳地从深圳出发，取道蒙古进入俄罗斯，经跨西伯利亚铁路驶向了东欧。

2009年，罗纳德·克莱维特加盟笔记本巨头惠普，他此前在富士康所经营的物流路线此时发挥了作用。2010年8月，时任重庆市市长黄奇帆带队赴京，向海关总署和当时的铁道部提出开通特定班列的请求，同行的有惠普全球高级副总裁等企业家群体。

与此同时，在惠普的推动下，德国联邦铁路公司在柏林召开欧亚铁路会议，重庆陆续与各国铁路公司及相关部门取得联系。经过多轮的磋商和协调，"渝新欧"终于开通。

"渝新欧"的出现，提高了重庆的开放程度。从招商层面而言，解决了重庆自身区位不利带来的承接东南地区转移产业的运输成本问题。在某种程度上，这是边缘区域摆脱落后区位因素找到的创新性手段。"渝新欧"班列开通之后，引发了中西部内陆城市纷纷效仿，各种"×欧"班列纷纷启动。

经济往来驱动城市外交

对纷纷开通通往欧洲班列的城市而言，它们与海外贸易伙伴多了一个新的选择，物流不再成为阻碍内陆区发展对外贸易的重要因素，这有利于中国国内的区域平衡发展。而不少城市比如重庆，也的确在物流的加持下成功拉动了本地的电子工业产业集群的建设。

中欧班列的开通，背后还有更深层的经济支撑。《超级版图》一书作者帕拉格·康纳将这种以城市为主体的对外经贸行为称为城市外交，他认为可以从具体区域的对外贸易伙伴构成来看地方政府的行为逻辑。以成都这类城市为例。2009 年，欧盟超过美国成为四川最大的对外贸易市场，进出口总额达 45.2 亿美元。其后美国虽重新变回了四川的第一大贸易伙伴，但欧盟市场对成都而言，重要性仍然不言而喻。

对整个中国而言，欧洲市场的重要性在提升，这支撑了往西穿越亚欧大陆的班列开通。此外，中欧班列途经国家与中国的经贸往来也日渐频繁，中国在 2017 年成为吉尔吉斯斯坦、土库曼斯坦的第一大贸易伙伴，哈萨克斯坦、乌兹别克斯坦和塔吉克斯坦的第二大贸易伙伴。

正是在内部经济联系的驱动下，中欧班列的声势才越来越大。

而在中美贸易摩擦和疫情席卷全球的背景下，对中欧班列的关注又多了新的现实意义。一方面，中西部城市得以成为中国经济增长的驱动极，这是深挖国内经济空间的表现，有利于国内经济大循环的展开；另外，它也体现了中国坚持对外开放，以更好的姿态维护全球合作链条的努力。也许可以说，中欧班列是国际国内双循环的绝佳案例，它第一次把广袤的内陆高效地拉入了全球化的轨道中。

新兴大国提供国际公共产品

中欧班列沿线国家多为发展中国家或新兴经济体,基础设施落后是制约这些国家发展的短板。麦肯锡全球研究院 2019 年发布的报告《中国与世界:理解变化中的经济联系》中估算,全球基础设施缺口每年高达 3500 亿美元,如果无视这一缺口,全球经济增长可能减缓。

麦肯锡的报告显示,在基础设施方面,中国对"一带一路"沿线国家的投资为缩小全球基础设施缺口做出了贡献,这些投资主要集中于能源和交通运输领域的基础设施。该报告援引《牛津经济》2017 年 7 月的报告数据称,如果填补上全球的基础设施缺口,全球 GDP 可增长 2.7 万亿美元(如图 5-1 所示)。

中亚和中东欧地区长期被视作世界的心脏,但由于不完善的物流产业链条制约,这些国家参与国家贸易的分工体系并不占优势。交通线、港口和物流基础设施越来越成为左右这些国家发展的重要指标。

班列的开通能够提升这些国家的贸易便利化程度,缩短中国与沿线国家之间的贸易运输时间,从而推动贸易的发展。这对远离世界市场的中亚国家而言是巨大的利好,也是沿线国家或城市有意愿参与中欧班列路线的运营和维护的原因。

中欧班列一线的工作者单靖在走访广大中东欧国家时,见过当地的商会组织对基础设施建设的渴求。塞尔维亚贝尔格莱德商会表示，中东欧国家在经济上落后于西欧国家，渴望在中国的帮助下提升自己的基础设施水平，缩小与西欧国家的经济差距。

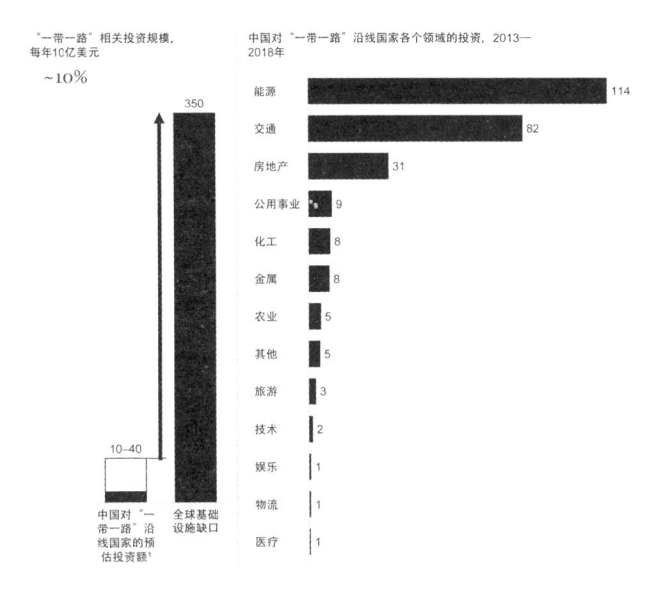

中国对"一带一路"沿线国家的投资有助于填补全球基础设施缺口

中国对"一带一路"沿线国家各个领域的投资，2013—2018年

领域	投资额
能源	114
交通	82
房地产	31
公用事业	9
化工	8
金属	8
农业	5
其他	5
旅游	3
技术	2
娱乐	1
物流	1
医疗	1

"一带一路"相关投资规模，每年10亿美元：~10%

中国对"一带一路"沿线国家的预估投资额：10—40
全球基础设施缺口：350

[1] 根据中国商务部估计，2016-2018年间的投资达140亿~160亿美元。来自于其他信息渠道的自下而上的估算显示，该数字可能高达每年400亿美元。
资料来源：中国商务部；美国企业研究所；彭博；麦肯锡全球研究院分析

单位：10亿美元

来源：麦肯锡报告《中国与世界：理解变化中的经济联系》，第125页。网址：https://www.mckinsey.com.cn/%e4%b8%ad%e5%9b%bd%e4%b8%8e%e4%b8%96%e7%95%8c%ef%bc%9a%e7%90%86%e8%a7%a3%e5%8f%98%e5%8c%96%e4%b8%ad%e7%9a%84%e7%bb%8f%e6%b5%8e%e8%81%94%e7%b3%bb/

图 5-1　中国对"一带一路"沿线国家各个领域的投资
（2013—2018 年）

积极推动中欧班列建设,展示了中国主动参与国际事务的姿态——提供国际公共产品,从而实现区域的协调发展。这与中国日益上升的国际地位是相符的,提供这类公共产品,也符合中国的长期利益。

中国如今是世界第一制造业大国,对外的能源依赖度颇高。以石油为例,从西亚进口的原油从海路经马六甲海峡的通道路径单一,中欧国际铁路运输通道的畅通则有利于中国自身突破马六甲困局,维护能源资源安全。

在中欧班列的德国枢纽城市杜伊斯堡,当地的杜伊斯堡港口集团董事长曾说:"世界上没有跨越不了的距离,只要能为双方带来利益,无论多么遥远的距离都不是问题。"这或许也点出了班列需要切实面对的真正问题。目前中国国内许多城市为抢占先机,纷纷采取补贴方式维持班列运营。但从长远看,要算经济账,能真正带来双边的收益才是它发展的关键。

总之,中欧班列是中欧贸易商人寻求最经济的运输方式下的产物,也是中国内陆城市和中欧、东欧、中亚内陆国家及城市寻找战略出口的选择,还是中国为寻找经济发展新空间而做的努力。这条通道发展之初以地方政府积极的产业政策为先导,却最终要回归商业和贸易层面,运输成本的经济性和可持续性,才是它真正成为洲际连接通道的根本。

"城市间的商业外交活动代表着一种更加宏大的转变,即以政治为基础的世界将变成以功能为基础的世界。"帕拉格·康纳指出。从这个意义看,中欧班列是超越政治和战争的第三种选择。

流通格局变迁下的超级基础设施

世界银行 2009 年发布的《世界发展报告:重塑经济地理》认为,某些地方发展势头良好是因为它们普遍遵循了三大要素,促进了区域协同发展:一是提高密度,二是缩短距离,三是减少分割。从这个意义上,无论是大运河还是中欧班列都在某种程度上重塑了地理,它们与特定时期的流通格局互为因果。

江河之乡的三种商品流通格局

地缘政治学者詹姆斯·费尔格里夫将中国称为"江河之乡",他认为中国的历史也受到了地理的支配。中国的文明起源于自西向东流淌的大河流之上,随着人口的增加而向河流的下游迁徙,北方强大的农业灌溉经验将农耕文明也推广到南方,这使得南北保持在了同一种发展模式下。

"江河被视作商贸往来的天然通道,以至于有些河流尽管并不适宜航运,他们仍然不辞劳苦地尽力对其加以利用。"詹姆斯·费尔格里夫的感慨有现成的案例——大运河。这种地理决定论的理论虽过于绝对,但在一定层面具有解释力。

对水的利用的确贯穿了中国古代的历史,河运发展历程就是一部中国古代的商品流通史。封建社会的商品流通格局经历了以黄河为主导，大运河为主导，以及长江、沿海、运河三足鼎立三个阶段。以黄河为主导的时期主要发生在隋唐以前，国家的政治中心和经济重心相对重合，国家的经济政治生活重心也是沿着黄河的东西走向流动，从关中转移到华北。

江南开发之后，南北联通的需求催生了大运河，封建王朝的流通格局转变为南北走向。在运河主导中国流通的时代里，商品流通的枢纽城市也多集中在运河沿线。到清代，随着海禁的开放和长江中上游诸省的开发，流通的干线逐渐从运河这条单一的南北干线分散成了运河、沿海和沿江的大T形格局。清代中期，长江、沿海、运河三条水道在全国性的商品流通中三分天下的格局已经确立。沿海、沿江一批重要的流通枢纽城市迅速崛起，长江、沿海航运的后来居上之势方兴未艾。

学者许檀研究长江沿线的商品流通历史，发现这里的开发顺序呈现的是逆流而上的走向。明代长江沿线的商品流通主要集中在中下游地区，随着清代两湖、四川等省的开发不断深化，整个长江流域各省间的经济往来日益频繁，流通规模大大增长。长江逐渐成为全国最重要的商品流通渠道和贯通东西的经济大动脉，长江沿线也形成了一批重要的流通枢纽城市，如重庆、汉口、九江、芜湖、南京等。

长江上游往下游输送的产品多为粮食、染料、木竹及山货，而下游则向上游提供丝绸、瓷器、纸张、洋广杂货等。长江中游的汉口、九江因交换而一跃成为大型商业城市，粮食、木材、食盐、绸缎、布匹、药材、铜铅等都在这里交换。这种交换格局反映了在相对封闭的循环体系下，区域间也自然形成了产业分工。在这种分工格局里，先开发的江南地区从此前的粮食基地转为了经济作物和手工业制造的中心，"苏常熟，天下足"变成了"湖广熟，天下足"。

而在沿海贸易流通体系里，清乾隆二十三年（1758年）开始实施的独口通商政策让广州享有了超然的地位。进口洋货需先至广州交十三行代售，再转由陆路、海路分销全国各地。到道光年间，粤海一关的税收额即占全国关税总额的20%～30%。这体现了中国从封闭体系逐步参与到世界经济之中。

等到近代中国被迫打开国门，东南沿海更是成了新兴技术、生产力和商品流通的主要通道。这与世界历史进入工业文明时代，国际体系里的主导国家皆为海洋大国不无关系。海洋成为国际贸易里的最重要场域，集装箱、远洋货轮、港口是流通的标配。麦金德口中的"世界的心脏"在这种格局里成了被压抑的存在，旅行作家将之比作世界上最遥远的地方。

大陆逻辑、海洋逻辑和海陆并举

学者施展将海洋世界理解为充分参与全球化进程的国家，这些国家的内部规则与全球性的政治、法律和秩序及自由市场接轨；大陆世界则被定义为那些未能充分参与全球化的国家和地区，它们资源丰富，却多半陷入失序或脆弱地带。

施展认为，中国作为一个超大规模国家，经过历史的演化和现代的整合，内在地包含有海洋和大陆要素。同时，作为共同体的中国嵌入现代世界的海洋和大陆秩序中，是以海陆中介/枢纽的形式存在的。

这种枢纽位置在国际贸易流通里的体现是，世界正从沃勒斯坦提出的中心——边缘的体系，裂变为发达世界——中国——其他发展中国家的体系。在沃勒斯坦的中心——边缘体系里，西方国家因为工业化进程里的先发优势成为工业制成品输出方，而广大第三世界国家提供原材料，消费来自发达国家的工业制成品，在分配中处于相对弱势的被压抑地位。而西方世界进入创新经济的时代后，带来了制造业流程的外包，中国所在的东亚世界以强大的承接能力形成了一个巨大的制造业集聚。在这个产业集聚里，庞大的供应链网络和巨大的人口、市场形成的规模效应，让东亚的制造能力能非常轻易地满足全球需求。

施展认为，世界正形成一个新的体系——中国向西方国家出口制成品，从西方进口技术、资金和高端服务业，同时中国向发展中国家出口制成品，从后者进口原材料。作为海陆枢纽的中国，位于发达国家—中国和中国—发展中国家两个子系统的"8"字形路口。

历史哲学家们的论述是粗线条的，细看历史现场总能发现理论有其边界，但这个框架便于更好地理解流通和循环体系的价值。中国的海陆枢纽意义体现在通过基础设施和供应链，"将发达国家和海洋世界的各种经济发展，通过贸易红利转移的方式，转化为向失序地区的秩序投放，以便帮助这些流民动荡的'大陆'地区重建秩序"。

在这个意义上，中欧班列代表着中国基础设施出海，用供应链来链接海洋逻辑难以企及的世界心脏，因此中国输出的基建具备了输出工业化、输出秩序和重塑地理的能力。

在这种效应下，中国中西部和欧洲中东部内陆地区能成为开放的前沿。这些地区的产品不用从内陆腹地运往靠近海洋的口岸，重庆、成都、西安、阿拉木图、杜伊斯堡自身可以变身为新的商品集散地。世界银行的报告中说，密度、距离和分割对经济发展至关重要，联通和基础设施则改变了密度、距离和分割。

中美贸易摩擦和新冠疫情是新的变数，此前通过海洋建起的全球产业链条面临危机。2020年中欧班列开行数量一路增长，说明正是在国际物流大循环不畅之际，向内陆寻找解决方案反而成为可能。对中国而言，从彻底的海洋逻辑转向海陆并举，具有国内发展和国际链接的双重意义。

在国际国内双循环格局下，中欧班列当然也面临自己的危机。

要成为真正的洲际流通通道，中欧班列要实现基础设施联通，运输组织联通，法律文件和标准联通，以及信息和数据联通。超越政治和战争的第三种逻辑，在某种程度上也能用来形容中国的崛起。可以想见，这将是一条漫长的道路。

10

ZHI 造城市
国内大循环与区域竞合新时代

对关注中国长期发展的人而言，2020年年底最重要的事件当属中央发文明确第十四个五年规划和2035年远景目标。五年规划体现了中国治理的长期性和系统性，也是中国经济生活里的一大特色。新中国成立以来，中国已实施了13个五年规划，"十四五"规划则是新局势下中国政府对自身的发展路径和发展目标的系统性阐述。

其中最受关注的当属从2020年开始提及的"逐步形成以国内大循环为主体，国内国际双循环相互促进的新发展格局"。这一提法明显是对此前推行了30多年的"国际大循环"的扬弃。

在中美贸易摩擦和新冠疫情暴发,在我国面临的国际环境急剧变化的背景下,中国的中长期国策已有所调整。

1987年,当时的国家计委副研究员王建在新华社内部刊物《动态清样》上发表了一篇标题为"走国际大循环经济发展战略的可能性及其要求"的文章。王建提出,为了摆脱我国工业结构搞计划与农村劳动力转移之间争夺资金的矛盾,应充分利用农村劳动力资源丰富的优势,大力发展劳动密集型产品出口,用换回的外汇支援基础工业级基础设施,过资金密集型产业发展阶段这一关,走国际大循环经济发展战略。

这篇文章在思潮澎湃的20世纪80年代学界产生过观点激荡,却远没有形成全国性的讨论热潮。但它事实上影响了此后30年中国的经济发展模式,中国开始走上利用人口红利、大进大出的外向型经济发展之路。东南沿海因便利国际往来,由此前的政治边缘位置一跃成为中国生产力分布的中心区域;而发展劳动密集型产业、依赖出口,则事实上为此后中国变身"世界工厂"奠定了基础。

可以说,国际大循环与过去30多年里中国的工业化、城市化和市场化进程互相叠加,共同改变了中国的面貌,区域工业分布和城市发展格局都深受其影响。

200多年来的中国近现代史,也是中国走向世界的历史。当下,中国因内外部客观因素影响,重新调整了看待内外部世界的视角,新的历史周期已经开启。正在形成中的"以国内大循环为主体，国内国际双循环相互促进"的新发展格局，势必如同此前的循环周期一样，深刻影响中国的经济社会生活。城市格局、制造业前路和区域竞合模式进入洗牌期——欢迎来到大内需时代。

国际大循环战略下的生产力布局

联合国开发计划署2019年的《中国人类发展报告》将中国改革开放以来的历史定义为"在全世界人口最多的国家关于发展进行的一场鲜活的社会实验"。《报告》认为，这40年诠释了在一个人口众多、发展基础薄弱、地区差异巨大、以农业为主、长期奉行计划经济的国度，一步步通过制度调整和改革实现社会进步的历程。

相较此前相对封闭的计划经济时代，改革开放后，中国的经济发展战略转变为开放的市场经济体制，中国重新融入了世界市场。用学者王建的表述，中国采取了"国际大循环经济发展战略"，走出了一条以出口为导向的外向型工业化道路。

这一发展战略是基于当时中国的现实困境而提出的解决方案。当时中国面临的客观现实是，农村因生产力发展水平落后，有大量闲置劳动力，面临巨大的就业问题。在计划经济时代被视作发展重心的重化工业对就业的容纳有限，而轻工业发展客观水平不足。发展劳动密集型产业，既可以解决就业问题，出口产品还可以换回外汇，解决国家工业化步入正轨后引进国外技术和设备的问题。

王建在《走国际大循环经济发展战略的可能性及其要求》中提出的解决方案是：大力发展纺织和服装加工业、食品加工和饮料业、轻工杂品产业及劳动密集型机电产业等，通过两头在外、大进大出、以出保进、以进养出、进出结合的方式出口创汇。国家的宏观政策和中国发展现实此后的确朝着这一方向演进。1987年，六届人大五次会议提出，要使经济特区、沿海开放城市和开放地区逐步形成外向型经济格局。

"国际大循环经济发展战略"因此与区域发展格局、工业化进程和城市化步伐紧密关联在一起，它们深刻地改变了中国的生产力地理分布。一方面，中国的经济发展重心重新回到了东部沿海，区域发展呈现强烈的非均衡属性；另一方面，由于分税制改革，地方政府的主动权上升，地方保护主义和竞争内卷化现象开始冒头。更重要的是，中国全面拥抱世界市场，带来了中国经济的高速增长。这一发展模式本身的脆弱性也逐一显现，中国的经济对外依存度一路走高。对于规模体量庞大如中国的国家来说，转向只需一场危机。

非均衡发展，东部优先

外向型经济首先意味着，从前被视作国防一线的东南沿海重新被纳入了经济发展轨道。

计划经济时代里我国长期从国防和战略安全等层面考量生产力布局，因此以国家计划的手段人为改变了此前工业分布偏重沿海的局面。中部和西南等地区因此崛起了一批工业城市，沿海省份的工业化进程却十分落后。以沿海的福建省为例，1978 年它的 GDP 在全国 32 个省区市中居第 26 位。

改革开放让中国区域的发展重心重新回到了东南。1979 年 7 月，中央设立深圳、珠海、汕头、厦门为试办出口特区，第二年 5 月改名为经济特区。这批城市作为中国对外开放的窗口，都分布在沿海，方便引进外资。1984 年，开放范围进一步扩大，14 个沿海港口城市和海南岛也被纳入开放城市和开放区。之后，从辽东半岛往南直到珠三角的整个国境线东部沿海地区都被纳入了经济开放范畴，形成了沿海开放地带。

1986 年，国家从政策层面明确了"东部优先"的发展策略。这一年通过的"七五"计划提出，中国区域经济分为三大地带，发展顺序也按三大地带序列推进。东部地带是经济发达区域，中部地带是经济成长的区域，而西部地带则是经济不发达区域；要加速东部沿海地带的发展，同时把能源、原材料建设的重点放到中部，并积极做好进一步开发西部地带的准备。

之后，国家在财政、税收、投资、对外经济活动自主权等一系列政策上对东部沿海地区给予了倾斜，工业建设和投资占比也相比中西部地区更高。据官方统计数据，1986—1989 年，中国投资份额最高的省份中前六名都在东部沿海省市。另一份数据显示，1982—1989 年，东部、中部、西部三大地带在国家重点项目的投资占比分别为 48.8%、28.6% 和 11.5%，东部地区投资额远超中西部地区，非均衡性表现明显。

倾斜地对特区和对外开放地区给予经济上的自主权，涉及两个方面的放权。第一，政府向不同类型的所有制经济放权，企业有了自主发展空间；第二，中央向地方放权，地方在财税和经济发展上有了一定的决策权。其中，中央对地方的放权带来了对区域经济发展和城市格局变化的极大影响。

经济学家钱颖一从制度变革层面考察了这种激励机制。20世纪80年代开始实施的财政分权体制改革，按照税种划分了中央税、地方税和中央地方共享税，同时明确划分了中央地方的财政支出范围。钱颖一认为，行政分权和财政包干事实上促成了中央和地方形成颇具中国特色的财政联邦主义——地方政府拥有相对自主的经济决策权，财政包干则让地方政府愿意创造更多的财政收入。通过事先给定分成比例，地方政府创造的财政收入越高，地方的留存就越多，预算外收入因为不与中央分享，边际财政激励最强。因此，地方政府有充分的动力维护市场，扶持非国有企业，推动地方经济增长。

在今天看来，各类特区和开放区是国家和政府在经验不足的情况下，以授权和试点的方式尝试与世界接轨的表现。非均衡增长策略充分体现了"效率优先"的指导思想，东部地区是试验田，通过生产要素配置和倾斜，为经济发展提供一切便利。各类开放区的确实现了经济的高速增长，以广东省数据为例，三大经济特区1981—2019年GDP年均增长17.3%，高于广东省平均水平5

百分点。

在外向型发展模式下,开放与否和享受开放待遇的顺序,决定了区域发展的命运。东部成了最早的受惠者,之后外向型红利开始向内地蔓延。中国加入WTO后,国内市场进一步对外开放,中东部发展也开始加速。

正如开放政策有先后,区域间的巨大落差也随之而来。据国家统计局数据,1980年东部地区人均GDP分别相当于中部、西部地区的1.53倍和1.8倍,1990年则扩大到1.62倍和1.90倍。2002年,东、中、西经济发展水平的差距进一步扩大,东部地区人均GDP已经相当于中部的2.08倍和西部的2.63倍,与1990年相比,分别扩大了28.4%和38.4%。

"七五"计划里提到的"鼓励一部分地区、一部分企业和一部分人先富起来",在沿海变成了现实。对社会主义国家而言,这种非均衡发展很快就遭遇公平性的拷问,也不利于国民经济体系的整体健康发展。进入21世纪后,"先富带动后富",区域协调发展,很快成为中国区域发展战略的关键词。

竞争内卷化,重复建设

正如钱颖一的研判,地方政府具备了强烈的介入工业化的动机,工业史学者严鹏将这种地方竞争视作中国工业发展的新动能。

对有限市场和大型项目等稀缺资源展开的激烈竞争,不仅发生在各个省份间，同一个省份的市县层面也在竞争。这使得市场体系的参与主体有了大幅增加，促进了中国经济的市场化发展，但也不可避免地带来了重复建设。不少地区经济结构趋同，呈现竞争内卷化。

1989年10月，时任总理李鹏在中央工作会议上专门批评类似问题："这些年由于缺乏宏观指导和控制，各地盲目发展和盲目引进了一批重复的生产线，如电视机、电冰箱、洗衣机、空调器、计算机、汽车、手表、西服、各种饮料、易拉罐、化妆品等，造成了资金和人力的浪费。"[1]

进入21世纪后，内卷性竞争也并未刹车，地方间的工业发展和招商竞争愈演愈烈。2003年，新华社曾专门发文批评地方政府间的恶性竞争让招商引资变成了让利大赛，"门槛一降再降，成本一减再减，空间一让再让"。许多地方一味追求以GDP为主的经济指标增长，致使区域间招商引资竞争造成巨大的资源浪费，经济社会发展也深受影响。报道中提到，为了竞争，地方政府甚至以成本价以下价格招商，"在苏州，土地开发成本大约在每亩20万元，而目前苏州的地价已降至每亩15万元以下。江苏吴江以及浙江宁波和杭州，则将地价直接压到了每亩5万元，无锡甚至降到2万元至3万元，就是上海一些郊区也拿出了每亩5万元至6万元的低价"。[2]

---

[1] 转引自严鹏. 简明中国工业史[M]. 北京：电子工业出版社，2018:262.
[2] 车晓蕙，陈钢. 如此招商引资势必带来隐患[J]. 党建文汇：上半月，2004(1):38-38.

重复建设还带来了产能过剩。一个新的产业，只要看到发展前景，各地就会纷纷上马同样的项目。一窝蜂涌入的玩家导致产品价格大幅跳水，最终行业整体陷入薄利苦撑的境地。

多晶硅行业就是一个典型的案例。这种材料被视作电子工业和太阳能光伏产业的基础原料，能给光伏产业带来革命性变革。2001年，第一条多晶硅产线落户四川，因每吨最高价格达到350万元，很快四川各地都上马了这一项目。2008年，四川省的多晶硅在建与建成产能达到了5万吨，居全国第一。到2009年，这一行业被国务院定位为产能过剩行业，产品价格很快大跳水，每吨价格降到14万元，仅为高峰期的4%。大量企业难以为继，被迫退出市场。企业在同样的细分领域低水平重复厮杀，最终供大于求。高产能让国内市场里的大部分企业难以生存，而海外市场则针对相关产品征收反倾销税，最终行业只剩一地鸡毛。

轻纺、家电、造车、化工……许多行业都曾上演过类似场景，内卷化竞争导致不同地域间展开恶性厮杀，在国际竞争中反而被锁定在价值链的中低端，不利于中国制造业整体竞争力的提升。

对外依存度飙升

经济学家林毅夫做过研究，出口每增长10%，能带动中国GDP增长1%。因此在外向型经济发展路线下，中国经济实现了跨越式发展，GDP总量和人均GDP数据都有大幅提升。

1986年，中国经济总量刚突破1万亿元；到2019年，中国

GDP 接近 100 万亿元；1980 年，我国人均 GDP 约 300 美元，相当于世界平均水平的 12% 左右；2019 年，按照现价美元估算，我国人均 GDP 大致相当于世界平均水平的 90%。

与此同时，中国经济的对外依存度也不断提高。外贸依存度是一国或地区进出口贸易总额与其国内生产总值的比值，通常用来衡量一国或地区的经济对国际市场的依赖程度。1978 年中国的外贸依存度为 9.8%，1998 年，这一数值变成了 33.8%。中国加入 WTO 后，外贸依存度飙升，2003 年外贸依存度首超 50%，2006 年为 67%，达到历史最高水平。

2008 年金融危机导致海外需求不振，经济的对外依存度逐步回落。2011 年，外贸依存度回落至 50.1%；近年来国家强调拉动内需，到 2019 年，中国的整体外贸依存度降至 31.8%。但在东部沿海地区，进出口贸易仍是地方经济发展的重要支柱。

高外贸依存度，意味着经济发展的驱动力来自海外。一旦外部市场有风吹草动，本地经济发展就会遭受影响。2008 年的金融危机就曾急剧冲击东南沿海的加工贸易中小制造商，导致一大批企业倒闭，当年的农民工返乡大潮正是这种外向型经济脆弱性的直接表现。

而 2020 年暴发的新冠疫情也让许多外向型城市复苏迟缓。财经媒体《21 世纪经济报道》统计，2020 年上半年 37 座主要城市中，17 座外贸依存度超过 50% 的城市经济增速的平均值为 -1.68%。而另外 20 座外贸依存度低于 50% 的城市，经济增速的平均值明显好于前者，为 0.025%。

学者刘志彪认为，大进大出、利用西方国家的市场为中国的经济增长提供支撑的全球化模式，是一种"客场全球化"，经济循环大多在国外实现。这种模式在疫情迟迟未能平息、外部贸易流通不畅的情况下难以为继，中国应该将经济发展的驱动要素拉回国内市场。

这也是"十四五"规划提出要"逐步形成以国内大循环为主体，国内国际双循环相互促进的新发展格局"的重要原因。

制造，"质"造，"智"造

改革开放后，在市场化的大背景下，中国工业化战略重构的基本内涵在于回归比较优势。

在传统国际贸易理论中，比较优势是传统产业区域分工和转移的基础，后发工业国可以通过充分发挥自己的比较优势来实现资源的优化配置。中国正是通过承接来自西方国家和"东亚四小龙"转移的劳动密集型产业及资金技术密集型产业里的劳动密集型部分，实现了外向型经济迅速发展。

40多年里，中国制造取得了惊人的成绩。工业增加值从1978年的1622亿元到2018年突破30万亿元大关，按不变价格算，增长56.4倍，年均增长10.7%。2010年，中国的制造业增加值首次超过美国，成为全球制造业第一大国。工信部前部长苗圩曾说，中国用几十年走过了发达国家几百年所走的工业化历程，成为全世界唯一拥有联合国产业分类当中全部工业门类的国家，在世界 500 多种主要工业产品当中，有 220 多种工业产品中国的产量居全球第一。

可以想见，在这种高度浓缩的工业化进程中，中国制造业天然地具有某种兼容性和梯度发展的态势。因劳动密集型和低成本优势走向世界的中国制造，与以质量和设计取胜的"中国质造"和以新基建、5G 新技术为特征的"中国智造"共同存在在这片国土上，这也是中国制造的三重内涵。

工业史研究学者金碚将这种复杂性视作跟随与创新并举。金碚教授认为，中国的工业化进程并非只是追随西方的步伐。进入工业化中期后，工业生产、技术水平、市场供求关系等发生了显著的变化，促使中国的工业结构进一步向制造业更复杂的部门及产业链的更高环节转型升级。

学习，跨越，赶超。从"制造"到"质造"，最终以"智造"实现弯道超车。在新的以国内大循环为主体、国内国际双循环相互促进的新发展格局下，中国制造的升级之路突然多了现实的紧迫性与可能性。

"世界工厂"与人口红利：低端制造业会离开中国吗？

王建 1987 年提"国际大循环"战略时估算，到 20 世纪末，中国非农产业需要消化 2.1 亿人的就业问题，廉价的劳动力资源和土地价格，使得中国具备了发展劳动密集型产业的条件。

其后，中国对外出口额的飙升和工业制成品的商品结构都验证了它的可行性。1978年，中国进出口总额为206.4亿美元，到2000年飙升至4743亿美元，占世界贸易总额的3.6%。中国能深刻地融入国际贸易，与中国充分发挥人口红利和劳动生产力优势分不开。

学者宋立刚、李坤望对联合国贸易数据做过统计，发现自20世纪90年代中期起，工业制成品已成为中国出口增长的主要来源，其中低技术密集型出口产品在总出口产品中占比颇高。他们认为，这与中国劳动力要素禀赋充裕的特征是吻合的。

这种低端、低价、低技术产品的出口带来了以义乌、东莞和温州等为代表的一批沿海城市的崛起，中国生产的商品源源不断运向全世界。2005年，一个美国家庭试图用一年时间抵制中国货，最后却发现他们的生活中根本离不开中国制造。这段经历和一本畅销书《离开中国制造的一年》一起，让中国制造与"世界工厂"的印象紧密联系在一起。

但以低端、低价的出口拉动增长的模式，其风险在不断累积。一方面，中国的人口红利正在耗尽，刘易斯拐点将至，人口结构发生逆转。其中最重要的指标15～64岁人口的数量在2015年达到最大值后开始下降。另一方面，中国的人力成本和劳动力价格都在上升，同时对资源投入颇为倚重，在环保、碳排放越来越成为主要经济体应承担的责任时，重人力投入、高能耗、高环境外部性的发展模式变得难以为继。

从中国的国情来看，中国仍然需要所谓的处于产业链低端、附加值较低的低端制造业。中国是人口和劳动力大国，也是消费大国，从保持充分就业、维序社会稳定和保证日常消费品供应角度，劳动密集型产业对中国的意义仍然十分重大。

从生产资料价格角度看，中国制造业的传统优势看起来并不稳固。2010 年以后，劳动密集型制造业将转移出中国的言论开始流行，一些跨国公司的行动仿佛也在佐证这一判断。例如，阿迪达斯在 2012 年 10 月关闭了其在中国苏州的自有工厂。随着中美贸易摩擦，许多公司在避开关税的考量下，部分代工制造的产业链也有往东南亚等转移的迹象。许多人开始担忧，中国的制造业世界第一的位置还安全吗？

2019 年，学者施展为此赴越南考察当地的制造业发展和产业转移。他得出的结论是，越南和东南亚承接的制造业产能并非从中国转移，而是中国制造业的某种溢出。他认为，中国制造业已经形成了某种产业链条，越南因其体量、劳动力规模和国土面积等多重因素影响，难以全盘接收中国的低端制造业，更谈不上取代中国成为下一个"世界工厂"。

一些跨国公司的在华负责人则现身说法，他们的观点是劳动力成本并非业务生产成本的全部。霍尼韦尔全球高增长地区总裁沈达理（Shane Tedjarati）接受咨询机构访谈时提到："劳动力成本占据霍尼韦尔某些业务生产成本的 60%，但效率、物流和供应链同等重要,并且存在较大的成本下降空间,有望成为制造业企业新的成本蓝海。为抵消劳动力价格上涨带来的压力,企业应对措施包括将工厂建在毗邻供应链中心的地带,实现以较低的成本获得更高的物流效率。"从这个意义上看,中国制造业的比较优势正从廉价劳动力转为供应链和效率优势。

麦肯锡全球研究院也佐证了这种观点。2019年,该组织对23个行业、43个国家之间的贸易进行分析发现,仅有不足20%的商品贸易属于劳动成本套利型贸易。在此前的10年里,这一比例在很多价值链中逐年降低。麦肯锡认为,除了工资成本,决策者选择生产所在地时还要考虑其他因素,包括能否在当地获取熟练劳动力或自然资源,是否邻近消费市场,以及基础设施质量如何等。而这些,正成为中国制造新竞争力的来源。

超大规模市场和知识红利成就"中国质造"

正如麦肯锡全球研究院和跨国公司高管的观点,临近消费市场对许多跨国公司而言具有降低成本的价值。但对中国制造业的发展而言,消费市场的意义远不止降低成本层面。

中国庞大的人口基数曾经被视作廉价劳动力资源,但随着中国人均GDP和人均可支配收入的提升,它立即转化为庞大的消费群体,形成了前所未有的超大规模市场。

2017年年底召开的中央经济工作会议明确提出,我国中等收入群体超过3亿人,大致占全球中等收入群体的30%以上。这个群体的人口数量超过了美国总人数，可以想见能释放出多大的市场空间。

社会科学院学者倪月菊则关注消费与国民经济增长的关联。她发现，2012年后，消费占GDP之比一直在50%以上并逐年上升。最终，消费在我国经济增长中发挥的作用越来越大，已经成为我国经济增长名副其实的"压舱石"。

当内需足够强劲，它就能成为制造的指挥棒。学者刘志彪就把中国的超大规模市场视作中国制造业参与未来竞争的主要优势。

当要素价格便宜不再成为优势时，依托国内的超大规模市场，中国企业有望锻炼出两种此前外向型经济不可能具备的能力：一是自主知识产权，二是自主品牌。刘志彪将中国在外向型发展时代的全球化称为客场全球化，随着中美贸易摩擦和新冠疫情带来的冲击，中国提出要加快形成"以国内大循环为主体，国内国际双循环相互促进的新发展格局"。在这一发展格局下，中国经济的拉动力更多来自内需，将形成"主场全球化"。

在主场全球化时代，中国将依托内需，发展自主技术和自主品牌，摆脱价值链低端位置，从微笑曲线的中间走向研发设计等高端位置，提高制造业本身的附加值。

这意味着国内消费市场成了制造业升级发展的重要依托，它也是国家政策层面提出发展以国内大循环为主体，国内国际双循环相互促进的新格局的现实支撑。

另外，庞大的人口基数还意味着知识人才储备。麦肯锡全球研究院的研究显示，全球价值链的知识密集度越来越高，越来越依赖高技能劳动力。2000年以来，各价值链中的无形资产投资（例如研发、品牌和知识产权投资）在总营收中的占比翻了一番，从5.5%增长到13.1%。这意味着，拥有大量高技能劳动力、具备强大的创新研发能力和知识产权保护到位的国家将获益良多。

而中国拥有大量的受教育群体。公开统计数据显示，2019年年底，我国16～59岁劳动年龄人口为8.9亿人，占总人口的64%。而近9亿劳动年龄人口中，有1.7亿受教育或技能培训的人才。当廉价劳动力层面的优势逐渐消失时，工程师红利浮出水面。

另外，随着中国制造业依托内需沿着市场阶梯向价值链上游迁移，与跨国公司展开竞争，中国制造所具备的低成本制造能力将成为竞争中的"大杀器"。

学者郭斌认为，这种低成本制造能力并不具备可复制性。它并非单纯依靠此前的廉价生产要素资源而存在，同时还来自70余年里中国所建成的完备工业体系，中国制造形成的强大生产供应链条。这种低水平制造能力覆盖了两种类型的市场，一部分是价格敏感型的性价比市场，一部分是价值敏感型的性价比市场。

随着企业技术、品质和生产能力的提升，价值敏感型市场会成为中国制造业的重心。在这个市场里，中国制造能做到同等价格质量最好，同样质量价格最低。"物美价廉"这个印象随着时间推移，会沉淀成"中国质造"。这也是日本制造业走向高质量形象时曾走过的路。

人均收入提升和庞大的内需市场孕育出的品牌和技术能力，加上工程师红利和此前的制造能力，中国制造升级成更具美誉度的"中国质造"，未来可期。

新基建，新变量

2018年12月，中央经济工作会议确定2019年重点工作任务时提出"加强人工智能、工业互联网、物联网等新型基础设施建设"，这是"新基建"首次出现在中央层面的会议中。

其后，新冠疫情暴发，随着新技术在疫情防控和数字治理层面释放出巨大动能，新基建逐渐成为社会生活和市场投资领域的热点。在官方解读中，新基建包括信息基础设施、融合基础设施和创新基础设施三个层面的内容，其中蕴含了科技创新驱动、数字化、信息网络三大要素。

作为"十四五"规划的重点工作之一，新基建被视作经济的新发展动能，"要抓住产业数字化、数字产业化赋予的机遇，加快5G网络、数据中心等新型基础设施建设"。

在学者黄奇帆看来，第四次工业革命才是新基建的题中之意。他认为，新基建引领的人类智能化的革命里，中国不仅是跟随者，还将扮演引领者的角色。

将新基建、"十四五"规划与第四次工业革命联系在一起，中国制造业的升级之路同国家的发展和时代主题紧密联系在一起。

事实上，中国在5G领域的技术和应用在世界上处于领先位置。

2019年10月31日，中国率先实现5G商用，一年后中国移动已建成全球最大的5G独立组网网络；同时，全国5G基站已超69万个，终端连接数超1.6亿。新一代技术浪潮来临之际，中国事实上已经与制造业强国站在了同一起跑线上。

正如工业史研究学者金碚对中国工业发展的评价，中国的工业发展中既有追赶发达工业国家的内容，又越来越依赖自主创新；既有继续完成工业化不可逾越历史阶段的内容，又越来越具有成为世界先进制造业领先者的表现。

在新的发展格局里，以数字化技术、信息网络为关键词的新基建已成中国制造业自主创新、走向世界领先的重要抓手。中国制造业以这些行业为突破口，集中力量，大力发展，抢占生产技术的制高点，以点带面，推动中国制造在数字化、智能化领域的升级。

中国制造升级至"中国智造"的现实意义，除了体现在这是后发工业国家实现赶超跨越的必由之路，还因为这种升级跨越是中国经济的内生需求。改革开放以来，中国通过生产要素投入驱动经济增长的产业增长模式局限越来越明显。经济学界研究显示，2008—2018年，全要素生产率的贡献已经降到20%以下，由效率和技术驱动的增长方式已成为中国经济发展的内在需求。

由技术和科技创新驱动的新型增长方式还会给中国制造业整体产业链条带来正面的外部性。美国布鲁金斯学会官网在一次刊文中提及，技术提高了当今制造业中心的生产率，并很大程度上抵消了工资上涨。同时，它还降低了资本成本，并减缓了将生产转移到低薪国家的需求。随着制造任务自动化的提升加之自身劳动力成本的上涨，世界上最大的制造中心中国向其他经济体转移低技能任务的预期可能不会发生。

麦肯锡的研究也支持这一判断。在一份针对全球贸易的报告中，麦肯锡全球研究院认为，一些价值链当中，基于劳动成本套利的贸易份额一直在下滑，尤其是劳动密集型商品的生产（从2005年的55%下滑到2017年的43%）。未来，自动化和人工智能技术很可能会将劳动密集型制造变为资本密集型制造。

总之，在"十四五"规划和正在形成中的"以国内大循环为主体，国内国际双循环相互促进"的新发展模式下，中国制造具备了从劳动密集型的产业链低端位置向以品牌质量为特征的"质造"及以智能化、数字化为趋势的"智造"时代转变的内外在动力。对中国制造的创变者而言，路在脚下。

城市竞合大洗牌

从国际大循环模式切换到"以国内大循环为主体，国内国际双循环相互促进"的新格局，最大的变化是对内需的挖掘。

中国拥有14亿人口，人均国内生产总值突破1万美元，是全球最大、最有潜力的消费市场。居民消费优化升级，同现代科技和生产方式相结合，蕴含着巨大增长空间。国内市场重要性提升与中国制造转型升级的大潮，共同主导了新格局下城市竞合模式。生产力分布格局必将与此前的外向型经济时期有差异。

在外向型经济时期，决定城市发展的因素主要在外部市场的临近性和改革与开放的深度及次序。而新格局下，对内部市场的挖掘变得前所未有的重要。能够激活国内链接协作的跨区域基础设施成为国家政策和发展的新抓手，流域型经济带的区位重要性凸显。典型的案例有长江和黄河水道，这些自西向东流淌的天然水系是哺育人民的母亲河，也成了联通东、中、西部三大经济区的黄金通道。

另一方面，庞大的内需市场终将培育出深耕这一方热土的超级品牌，它们将成为生产流通价值链上的枢纽。枢纽企业能形成集聚效应，带来制造业或生产性服务业的集群。它们的布局逻辑不再以行政区为出发点，而是因效率、规模、交通和知识而形成更加具有互补性的链条，共同服务于价值枢纽。城市里的企业、园区作为产业链条里的环节嵌入集群，参与全球性生产与贸易的价值链，实现了与内外部市场的高效连接。不同城市间因禀赋差异形成差序竞争格局，解决了此前地方和区域发展中的无序竞争问题。

此外，在城市竞争层面，因为新技术和新产业的涌现，城市的区位也并非一成不变。对新技术的接收和应用能力也成为考验主政者的重要指标。

得内需者得天下，激烈的厮杀已经开始。

大内需时代，拥抱经济带

当下，各类城市竞争的榜单层出不穷，很少有人留意到 GDP 和社会消费总额之间的相关性。

统计数据显示，2020 年中国消费十强城市（依据社会消费品零售总额）与 GDP 十强名单几乎完全重合。在强调国内消费和内部循环的时代，它传递出了重要的信号。

21 世纪的第三个 10 年，中国区域经济的发展主驱动因素正转向国内消费。这种转向并非发生在一夜之间，而是缓慢变化后的结果。

2008 年全球金融危机以来，中国开始降低对外依存度，靠外贸出口拉动 GDP 的时代慢慢过去。GDP 超万亿的城市里，依靠投资带动经济增长的投入产出比也在下降。在国内大循环、国际国内双循环的格局下，中国国内消费被提到了前所未有的重要地位，它与 GDP 的联系变得越来越显性。

这与咨询机构麦肯锡对全球消费的洞察是一致的。麦肯锡认为，发达经济体曾是全球需求地图中的绝对主导，但这一格局正在悄然改变。据其预测，到 2025 年，新兴市场将消耗全世界近 2/3 的产成品；到 2030 年，全球一半以上的消费将发生在发展中国家。其中，中国消费的重要性更是明显。预计到 2030 年，全球每产生 1 美元的城镇消费，就有 12 美分由中国的适龄劳动人口所贡献。

而如果细看中国 GDP 十强城市和消费十强城市的地域分布，会发现除了北京、广州、深圳，其他城市都是长江沿线城市——长江经济带已越来越成为国内大循环时代区域经济发展重要的增长极。据官方统计数据，2019 年长江经济带地区生产总值合计 457805.17 亿元，占全国经济总量的 46.2%，较 2018 年提升 2 百分点。

从空间布局和区域协调发展及统一市场建设来看，以长江为代表的自西向东流淌的天然水系在挖掘内需、促进对内开放层面有望发挥重要作用。这也是新形势下长江经济带、黄河经济带等流域经济重新成为区域经济热点的原因。

2018 年 11 月出台的《关于建立更加有效的区域协调发展新机制的意见》提出："坚决破除地区之间利益藩篱和政策壁垒，加快形成统筹有力、竞争有序、绿色协调、共享共赢的区域协调发展新机制，促进区域协调发展。""十四五"规划也提出要优化国土空间布局，推进区域协调发展。

长江经济带和黄河经济带所代表的发展模式，是对此前区域经济政策的超越。城市群是人口大国城市化的主要空间载体，长江经济带沿线节点城市也都是以城市群的方式存在的。通过带状的城市群，打破此前东中西分割的板结格局，区域经济发展也多了一个从传统行政区划范畴内的竞争突围的通道。

借由这些流域型带状经济圈，通过合理规划流域内的交通枢纽功能和基础设施，有望实现流域内物流、人流、资金流和货流的通达。由于中西部地区与东部现实的生产力发展水平与生产资料价格的差距依然存在，通过流域内的水运联通，中西部城市承接东部的制造业转移也有了可能。事实上，重庆的笔记本电脑制造产业在由沿海转移到西南腹地时，长江的河运在其发展初期就为其产品外运发挥过重要作用。

由此，在新格局下，区域生产力分布变化的一大可能性是，中西部的各类交通枢纽都有机会在内需时代迎来发展新机遇。典型的代表有重庆、成都、武汉、郑州、西安等，借由长江、黄河水道、中欧班列等带状跨区域性基础设施，有机会在生产要素、资源层面建立起更为复杂的信息网络，为中国经济发展开拓新的空间。

对这些区域而言，格局变动期，如何在区域竞争力层面形成与资源禀赋和地理区位相似的邻近城市或省份迥异的核心实力，并拉开差距，成了现实的难题，这也是新时期城市产业竞争的重要热点。可以想见，中长期里城市排行榜依然会"霸屏"成为社会关注热点。

打造和争夺价值链枢纽

2018 年 7 月 10 日，特斯拉落户上海临港。在上海建厂之前，它的选址曾在苏州、广州、重庆和北京等多个城市之间拉锯，最终花落上海，当然与地方政府的积极争取有关。

特斯拉被地方政府高度重视，要从特斯拉的特殊地位和它在制造业的属性说起，也与国际贸易大环境变化给制造业带来的影响有关。

近 30 年来，国际贸易呈现两个巨大的变化。一是货物贸易里中间品的比重上升到 70% 以上，二是总贸易量中服务贸易的比重上升至 30% 以上。这意味着一个工业制成品的生产，成了全球协作的过程。复杂的工业制成品往往有几千个零部件，需要从多个国家或地区的上千家公司进出口中间产品，才能完成生产制造，最终进入流通环节。

黄奇帆认为，贸易环节里的变化让世界制造业的评价标准也随之改变。单个企业的规模体量不再是最重要的评价标准，企业在产业链集群里的控制能力，才是最核心的能力。以苹果公司为例，它是全世界几百上千家零部件供应商的生产指挥棒，供应商们各有专长，但苹果公司是标准制定者，因此成为产业链条里的强力纽带，是枢纽企业。

每个时代都有进入普通消费者日常生活的主打产品，对于地区发展而言，一旦掌握某种主流消费产品的生产链条，这个城市就会成为该产品所引领的消费时代的领头羊。当下正值发展格局转换、制造业智能化升级的关口，电动汽车被视作交通工具从内燃机时代过渡到智能时代的入口产品，特斯拉自然被视作价值链上的枢纽型企业。

华为公司作为中国本土成长起来的全球性制造业企业，在中美贸易摩擦前也具备了价值链枢纽企业的特征。但随着美国在关键性领域的禁运政策出台,华为的发展被蒙上了一层阴霾。这说明,我国现代制造业还没有形成关键领域的核心能力，制造业仍然大而不强。

"十四五"规划强调内需市场。中国是世界最大的单边市场，人均 GDP 刚超过 1 万美元，消费能力仍有继续释放和发展空间。从中国制造升级路径看，依托庞大的国内消费，迟早会诞生为中国市场设计、具有创新性和品牌意识的枢纽型企业。

对许多城市而言，枢纽型企业的存在价值在于它让国际贸易中已经形成的分工模式重新出现某种地域上的垂直性集聚。地方政府培育枢纽企业，看中的是某个战略性新兴产业集群。中国城市 GDP 排行榜第一阵营里的成员，纷纷向一家外商独资的企业伸出橄榄枝，争夺的并不仅仅是特斯拉这家公司，而是它可能带来的整个生产和供应体系。

完备的供应生产体系产生的优势能持续累积，在特殊时期还能保障工业生产和制造能力的稳定性，新冠疫情期间的中国生产链条就是一个案例。世界产业链条突然断裂，让地域集群的效率和稳定性得以被重新发现，"产业链相对完整、产业集群自成体系的地方，恢复速度很快……这些地方的配套零部件是一小时到两小时的半径内就能通达的地区式生产"。①

在新的内外部局势下，战略性枢纽产业的价值再度提升，这也是一批中部省会城市如武汉、合肥等积极布局芯片制造、量子

---

① 黄奇帆：以区域经济高质量发展 应对外部环境新变化.[EB/OL] (2020-05-27) .https://ishare.ifeng.com/c/s/7y04Ri8Lr9W,.

通信和人工智能创新的原因。

形成统一市场

枢纽型企业带来的产业分布还有一个优势，它的资源配置方式是跨区域、非行政性和市场化的，能很好地规避明显的行政边界带来的市场分割，是对改革开放以来地方自主性走向封闭性的"行政区经济"的扬弃。

学界用"行政区经济"的概念来解释区域经济中因行政区划的刚性约束给经济活动带来的分割。它认为，行政区划带来的经济管理界线如同一堵"看不见的墙"，使跨行政区的生产要素流动严重受阻。它表现在地方政府行为层面，是重复建设和内卷竞争，形成巨大的资源浪费，对企业的发展也并无益处。

研究区域经济的学者刘志彪发现过一个现象：一些企业家不喜欢做内贸而更愿意做外贸。其中很重要的一个原因，就是内贸市场不够完善，国内市场发育不良，因此国内企业更愿意选择出口。即使国内利润率有50%，国外只有20%，但周转4次就是80%。

鉴于此，刘志彪认为，统一的内部市场是促进国内大循环、拉动内需的重要保障："一个强大的、统一的市场建设的重要性，在于新发展战略要用国内市场的力量去拉动国内经济循环，使中国市场成为推动世界经济循环的重要力量。如果没有统一的市场，市场处于分割状态，是碎片化的、功能残缺的，那么这种市场就很难成为内循环的支撑力量。"

"十四五"规划中也强调了统一市场和对内开放的重要性。事实上,"对内开放"从改革开放初期就曾被提起,但在"对外开放"的巨大光环下,这一理念的价值并未得到充分挖掘和阐释。它指向的是市场化改革的深入深度。政策指挥棒要打破此前的行政分隔和内卷式无序竞争,内部市场中的人为分隔将被清除,市场参与主体增加,开放领域将进一步加深。另一方面,在一些领域的竞争变得更加激烈,这可能导致未来的城市竞争理念发生变化。

具体而言,行政区划层面的零和竞争将越来越少,城市越来越作为一个平台参与资源的配置,通过资源、市场等经济要素的共享和开发,与其他城市或竞争主体合作,实现城市经济活动的良性竞争,不同城市间因禀赋差异在市场化作用下形成差序竞争格局。国家中心城市因其超大规模形成牵引,区域内广阔的都市圈内形成紧密的分工与互补关系,城市里的企业、园区作为产业链条里的环节嵌入集群,参与生产与贸易的价值链,实现与内外部市场的高效链接。从这个意义上看,突破行政区束缚,对内开放深度提升,实现资源更高效配置,正当其时。

新科技和互联网平台的存在也给区域空间布局带来了变化,数字化基础设施的存在让城市竞争的内涵增加,对新科技的应用能力成了关键时期城市治理的重要考量指标。它事关城市经济和产业的可持续发展能力和城市居民的生命安全。

例如,新冠疫情暴发,国内不同城市的数字治理能力高下立判。在这一特殊背景里,数字治理能力高的地区,因善于利用科技、5G技术和数字化工具来辅助疫情控制,能更快实现经济复苏,保护人民生命安全,城市竞争力也因此凸显。而思维僵化的地域则要承受疫情防控的重压,不利于区域内产业和生产力的维系。

另一个典型的案例是,擅长借用信息平台的地方政府得以更高效地链接国内市场。如瑞丽这样的边境小城,产业结构相对简单,通过对直播等新技术产业园的布局,成功地从玉石贸易的边贸城市变身为国内玉石消费产业带上的重要玩家。这些区域型城市借用新科技变量,改变了自己地理上的生产和贸易区位劣势,实现了与国内市场的连接。生产力的迁徙正呈现超越地理的因素。

11

进击的园区
产城竞争的基础设施

2021年是"十四五"规划开局之年，也是构建以国内大循环为主体，国内国际双循环相互促进的新发展格局的历史起点。

从新起点回望过去，40多年来，中国从农业国迅速成为世界第一工业大国和制造大国，在人类工业史上写下了浓重的一笔。经济学者认为，正是正确处理了改革发展与稳定、市场和政府、中央和地方、市场化和工业化、全球化和工业化、工业化和城市化的关系，中国的工业化进程才取得了举世瞩目的成绩，提出了工业化的"中国方案"。

如果从中观层面来审视中国的工业化进程，会发现产业园区这一经济实践成了绕不过去的现象。它贯穿了中国改革开放的发展始终，也充分体现了中国工业化进程里的多重关系互动和复杂国情——第一批开发区的出现是中国经济融入全球，发展外向型经济战略的产物。通过各种形式的开发区，在一定区域范围内搞市场经济试点，渐进式推进改革，确保了从计划到市场经济转轨过程的稳定性。一些开发区虽是政府主导，但采用的是企业制管理，在市场和原有的计划体制之间的平衡，为之后发展市场经济提供了借鉴。另外，各地的产业园区发展方向不一，中央与地方在产业布局、区域协调发展及地区资源禀赋之间的互动博弈又决定了不同园区的发展命运。

由此，有人称，园区的 40 年是一部中国工业演进史。官方也曾对以开发区为代表的园区经济有过定调："各类开发区是我国改革开放的成功实践，对促进体制改革、改善投资环境、引导产业集聚、发展开放型经济发挥了不可替代的作用。"

但产业园区的发展历程并非一成不变，它经历了从政府主导到民间资本等多重社会主体参与的转变。随着中国企业和基础设施出海进程，产业园区也出现了向海外发展的迹象。

在政府主导园区的时代，以开发区为代表的园区经济是中国改革和开放的试验田，是中国经济融入世界的窗口。而中国园区的海外扩张，则是中国工业化发展取得阶段性成绩后，模式和能力对外输出的表现。但也要看到，这些海外产业园正面临中国企业走出去遭遇的共同困境，中国对外展示自己工业影响力的道路依然漫长。从这个层面看，产业园区的确可以被视作中国改革开放以来工业进程的一个缩影。

而随着中国工业化、城市化进一步深化，城市产业运营商的角色愈发凸显，不少民间资本携产业资源投身这一领域。典型代表有中南高科这类制造业产业集群运营商，在几年的时间里它实现了在全国 60 多个城市近百个园区的高速扩张。民资参与产业园区，反映了市场在培育区域产业文脉上的补充作用，在效率、专业度和灵活度层面，民营资本相比地方政府而言更具优势。同时作为区别于政府的第三方，它们对中小企业培育和发展中的困境有更为直接的感知，能更好地在地方政府和广大制造企业间发挥桥梁作用。

新的历史周期已经开启，中国制造转型升级在即，城市格局与区域竞合模式也正在激烈变动中。工业化、城市化的新形势呼唤更高质量的发展，而产业园区作为区域经济和城市产业培育的基础设施，也迎来新的发展机遇与挑战。

园区 40 年：政府主导的改革试验田

近 40 年以来，中国发展围绕着改革和开放两大关键词展开，而由各级政府主导的产业园区，则是改革和开放进程的试验田。

按照管理方式差异，政府主导的区域发展模式可以分为三类，一是深圳、珠海、汕头、厦门和海南这五大经济特区，它们的辖区范围基本与原有的行政建制市相重合，其中海南包括整个省级行政区，由行政区内既有的政府和人民代表大会行使经济、社会等综合发展职能。二是由专门成立的企业来管理，例如蛇口工业区、上海的闵行、漕河泾和虹桥等经济开发区。三是设立开发区管理委员会，在行政体制上较前两种有创新。此后的各类国家级经济开发区和国家级高新技术产业开发区主要采用管委会制。

由于承担综合性功能，特区和浦东新区已很难用园区经济来界定它们的发展路径。因此，探讨政府主导的产业园区，主要对象是承担特定经济功能的各类开发区和经济区。

自1984年国务院设立首批开发区以来，中国政府主导的园区经济经历了沿海布点、东南铺开和向全国推进三个阶段。这些大大小小、功能不一的空间，在中国经济由计划向市场转轨时期，利用国际机遇，结合本地实际，打造了一个发展适宜外向型制造业投资的小环境。它们是新技术、国外先进管理、新知识的窗口，也是国家新政策的试点区。但随着中国的全面开放，靠国家的优惠政策来吸引投资者的路径也面临挑战。

外向型经济的试点

特区和开发区的创新性，体现在它们突破了观念和体制上的束缚，成为市场化改革的先驱。最早的试点当然在深圳，1979年1月31日，中央批复同意建立蛇口工业区，从这个名字，可以看出工业在蛇口的重要位置。"先有蛇口，后有深圳"，作为改革开放的"试管",蛇口工业区最先喊出了"时间就是金钱,效率就是生命"的口号,这对当时的中国人是极大的冲击。

工业区的管理采取了企业主导经营开发的模式,由当时隶属交通部的招商局管理。蛇口工业区建设之初,技术、设备和资金都极为匮乏,由于毗邻香港,最先从"三来一补"产业起步。蛇口工业区在劳动用工制度、干部聘用制度、薪酬分配制度、住房制度、社会保险制度、工程招投标制度及企业股份制等领域,都进行了有益的探索。

蛇口工业区和特区的经验,对沿海各类开发区的成立起到了助推作用。1984年5月,国家决定开放天津、上海、大连、秦皇岛、烟台、青岛等14个沿海港口城市,在每个沿海开放城市批准建立"经济技术开发区"。由于一开始并不确定这些试验区的命运走向,为了尽量减小对原有经济的影响,就像蛇口工业区实行封闭管理一样,沿海的这些开发区也被要求有明确的限定范围。

以广州的开发区为例,据创业者后来回忆,它被选在了"黄埔区黄滘河南边的一块三角地,界线明确,像特区一样便于管理,面积又不突破10平方公里,十分理想"。"试验特性"显露无遗。

正是由于园区的建设几乎都在没有任何城市依托的土地上开始,土地几乎是它们唯一的原始资本。在这里,上演了土地开发从计划经济向市场经济过渡的完整历程。开发区的管委会享有与其所在地方政府同等的经济事务管理权,在开发过程中把土地、资金、技术、劳动力等生产要素纳入决策体系,在市场机制的作用下实现要素重组。这些产业园区的存在的确发挥了集聚效应，节约了工业发展成本。地方政府职能部门被集中在一起，大大节约了项目谈判、签约到正式投产所必需的交易成本和制度成本。

1984年5月国务院的相关通知提及"开创利用外资，引进先进技术的新局面，抓老企业的技术改造，上一批投资少、周转快、收益好的中小型项目；在财力、物力、人才方面继续力量，支援全国，总结经验，向内地推广"，天津开发区的早期探索者们也曾自陈定位："背靠中国的工业基地，不应满足于搞成工业卫星城市，而是应该探索工业现代化道路，成为改革开放试验区。"

正是这些地方的实践，为此后中国更大范围内的开放和市场化改革提供了有益的经验借鉴，各地通过开发区，让经济走向了集约化，非农产业集中，加快了城镇化进程。

而强调发展外向型工业，则与20世纪80年代中后期国家政策上鼓励走"两头在外"的外向型经济路线相呼应。在1989年上海召开的全国经济技术开发区工作会议上，这一路线被进一步明确，会议提出的"以利用外资为主，以发展工业为主，以出口创汇为主"三原则，成了以后园区经济发展的宗旨。

创新重镇，区域经济增长的引擎

事实上，从20世纪80年代末开始，随着国家开放的步伐，开发区在全国范围内也出现了扩张趋势。1988年科技部火炬计划的提出，让园区发展开辟了新的战场。为促进科技进步，国家开始设立高新技术产业开发区,希望通过重点突破和发展高新技术,提高科技持续创新能力,实现跨越式发展。

到 20 世纪 90 年代,经过十余年发展的第一代开发区基本成为当地现代制造业的基地,也成为高新技术产业的聚集地。一份统计数据显示,1996 年时最早的 14 个开发区工业产值达到了 1360 亿元,较 1991 年增长了 858.2%。一些城市里,开发区成为所在城市名副其实的经济增长点。比如广州开发区引进宝洁等跨国巨头,工业产值一路飙升,1996 年广州开发区的工业产值占据全市工业产值的 11.2%,天津的开发区工业产值则占到了全市的 18%。

它们成了对外开放的旗帜,也成了区域经济的最大增长点。以西部大开发战略为例,战略在起步阶段的重要举措就是在当地设立国家级开发区,这也反映了开发区对盘活区域经济所起到的巨大拉动作用。

开发区的效益明显,各地的积极性因此被激发,开发区的阵容经历了几波扩容潮。到 2018 年,根据国家六部委联合发布的《中国开发区审核公告目录》,中国共有 2543 家开发区,其中国家级开发区 552 家,省级开发区 1991 家。相比第一批位于东南沿海的开发区,今天国家主导的这些园区,地理分布已经遍及大江南北,它们所代表的园区经济事实上成了国家推进东中西部协调发展的抓手。

至今,各类国家级产业园区仍是拉动区域经济增长的引擎,在城市 GDP 的占比、对中央和地方的财政贡献和 GDP 增速方面，都表现不俗，成为当地经济的最大增长点和最有活力的部分。根据国家统计局 2019 年数据，全国 218 家国家级经济技术开发区实现地区生产总值 10.8 万亿元，同比增长 8.3%，增幅高于同期全国平均水平（6.1%）2.2 百分点，占同期国内生产总值比重为 10.9%。

开发区还是创新要素聚集和创业主体培育的重镇。根据科技部 2019 年发布的《国家高新区创新能力评价报告（2019）》，2018 年国家高新区的企业 R&D（从事科研与试验发展活动所必需的人力、物力、财力等）资源占全国全部 R&D 资源的 40.4%，企业 R&D 经费内部支出占全国企业 R&D 经费支出的 48.9%，高新区企业 R&D 经费内部支出与园区生产总值（GDP）比例为 6.7%，是全国 R&D 经费支出与 GDP 比例（2.2%）的 3 倍。

经过 30 多年发展，各类国家级园区已成为先进制造业聚集区和区域经济增长极，已经成为我国经济发展的强大引擎、对外开放的重要载体和体制机制改革的试验区域。

特殊优惠政策空间与走出孤岛

不可否认的是，开发区的发展过程中，伴随着国家的重点支持，在相当长时间里享受了特殊的政策优惠。学界因此将国家主导的园区经济视为一种特殊的政策空间，而天津开发区的早期实践者则称之为孤岛。

孤岛并非从贬义层面来看开发区,而是政府主导的园区经济在渐进式改革环境下的真实反映。开发区实行了与所在城市主体有差异的政策,在税收、土地及基础设施使用费用上对外资企业让利,吸引对方前来投资,因此在经济上和政策上与主体城区隔离开来,形成了政策孤岛和经济孤岛。

这种孤岛属性是开发区早期得以生存和大发展的重要支撑。毕竟,在一张白纸上要引进外来工业,园区经济能发挥的也只有政策和体制上的灵活性。当时中国的整体大市场并未与世界经济形成连接,普遍性的高关税壁垒依然存在。对外资而言,在开发区设厂既能享有政策和税收优惠,相关产品还有了进入中国市场的可能性。这些优势都成了打消他们对中国投资环境疑虑的砝码。

一大批外资企业因而成功引入,这带来了中国园区经济的繁荣。它的示范效应也引发各地纷纷效仿,却客观加速了开发区孤岛属性的褪色。

这几乎是历史的必然。市场化改革的深入必然带来中国的全面开放。从区域平衡发展角度看,更加普惠而公平的制度环境是大势所趋,特殊的政策孤岛必然难以维持,此前享受的特殊待遇都将成为历史。所以,走出孤岛,本质是中国市场化改革进一步深化的结果。

不过,在政府主导的园区中,产业集聚属性依然明显。这也是国家继续大力鼓励各类国家级高新区发挥示范引领和辐射带动作用的重要原因。

总结来看，我国的产业集聚过程伴随着自下而上的农村工业化和自上而下的政府为主体的产业布局两种途径的城市化。在自下而上的结构里，以县市为基础的工业园区格局是区域经济中的重要特征。它体现了中央和地方关系中地方的能动性，也体现了市场化改革的渐进策略。对中国而言，改革的发展就是各类新的生产力和生产关系走出园区经济的过程。

虽然政府主导的各类园区里，外资的超国民待遇多数已成历史，但中国的发展步伐并未停止，改革也未曾止步。对国家和地方政府而言，渐进式试点改革仍在进行。在新的时代背景下，政府主导的各类园区依然是各类政策工具及新型体制机制的试验田。

崛起的民资园区

园区经济 40 多年发展，除了政府主导型园区作为改革试点和区域经济增长引擎展示了超强的存在感，民营资本也因其对政府角色形成有力补充，逐渐在产业地产和园区经济领域崭露头角。

2017 年发布的《国务院办公厅关于促进开发区改革和创新发展的若干意见》中提出，要引导社会资本参与开发区建设，探索多元化的开发区运营模式；支持以各种所有制企业为主体，按照国家有关规定投资建设、运营开发区，或者托管现有的开发区，享受开发区相关政策；鼓励以政府和社会资本合作（PPP）模式进行开发区公共服务、基础设施类项目建设，鼓励社会资本在现有的开发区中投资建设、运营特色产业园，积极探索合作办园区的发展模式。

民资进军园区经济，是工业化和城市化进一步深化，产城竞合模式变化后的产物。地方政府在城市产业培育和开发中遭遇资金短缺、招商及产业导入不力等普遍性问题，引入市场手段，能实现公共产品供给的优化，从而形成对政府主导模式的有力补充。另一方面，社会资源助力区域产业培育，多元主体开始参与园区开发与运营，是中国经济市场化改革进一步深入的表现。它推动了园区开发模式的创新，此后政府投融资平台模式和市场这双重力量在园区开发建设中交叉并行，为区域经济发展带来了新的可能性。

以市场手段助力中小企业发展

由于园区经济的滥觞，地方政府间掀起了开发区热，大量地方政府主导的工业空间在产业资源和财政资源上展开竞争，一些地方出现了所谓的"有园区，无产业"现象，甚至出现了恶性循环——产业没有招到，前期投入也无法收回，地方政府面临巨大的债务风险和危机。

从国家工业化和城市化的发展趋势看，围绕中心城市的都市圈外围区域及广袤的中西部大中城市，依然具备发展的潜力和需求。但无论在产业导入、项目资金还是运营能力上，这些地方都遭遇困境，它们可能没有能力也缺少资源去整合和组织区域的工业集聚培育和产业资源涵养。这推动城市投资平台的功能和模式逐渐发生变化，地方政府开始尝试引入外部资源和市场化力量，由社会主体来提供城市化和工业化的公共产品，民资因而具备了进入这一领域的可能性和必要性。

民资加入产业园区的开发和运营，是政府不断向市场分权、扩大市场运行空间的表现。对政府而言，在具体事务上可以不亲力亲为，只负责战略决策、规划把关和监督审核，把具体的事务交由更为专业化的社会主体负责。这样，政府可以集中有限资源，聚焦关键性环节，而市场则发挥内在优势，为企业提供更为专业的服务，从而促进产业集聚的生产，营造产业创新的环境，提升产业集聚的创新力和竞争力。

从进驻园区的中小企业视角看，引入多重社会主体主导或参与园区开发，企业入驻园区有可能获得更为多元的资源支撑。民资背景的产业园区运营方作为政府和中小企业之间的中介，较政府主导的管委会更能理解中小企业生存所面临的各类困境。这有利于精准定位中小企业在不同发展阶段面临的具体问题，因地制宜地寻找解决方案，在企业和政府之间扮演高效沟通的桥梁。

社会主体参与或主导园区开发建设，运营方式上灵活性增强。比如，民营和社会资本可以及时捕捉产业趋势变化，为园区内企业提供资金、技术、人才、管理和服务层面的支撑。这是政府主导的运营方式下所不具备的优势。一些民营资本因自身具备工业产业方面的资源积累，还能够以自身力量赋能园区，园区运营也具备了向知识型、服务型和智能化方向转型升级的可能性。

如果将区域内的产业集群和工业文化比作一片森林，关键性的企业是第一粒种子。经济学家保罗·克鲁格曼用历史偶然因素解释一个区域内某种生产力集群形成的初始原因。他认为，自然因素或历史因素都会激发某一产业活动在本地的形成。不过，第一粒种子落地可能具有偶然性，长成森林依靠的却是长期积累。

区域的经济不会因硬件基础设施具备就发展起来，它还需要基础设施的高效运作，需要长期存在的支持性服务机构。由此可见，专业化园区运营者在区域产业发展培育中扮演着重要角色，这也是工业化和城市化背景下，地方政府和企业发展的内在需求。它推动更多元角色参与产业园区运营，也事实上成了21世纪以来众多玩家纷纷涉足这一领域的市场驱动力。

产城竞合模式下的新基础设施

2018年以来，中国的发展面临着国际环境的剧烈变化。大国竞争的新局势和新冠疫情以来的国际产业链安全问题，再三撩拨国人的神经。大内需时代开启，在以国内大循环为主体，国际国内双循环相互促进的新发展格局下，城市格局和区域经济发展正面临新一轮的洗牌。

国家层面，强调产业链的安全和战略新兴产业的自主可控，要求以战略性需求导向，确定科技创新方向和重点，着力解决制约国家发展和安全的重大难题。区域层面，则围绕枢纽企业和战略性新兴产业链条的构建，展开了新一轮竞合。

国家支持有条件的地方建设国际和区域科技创新中心，地方政府也积极布局战略性新兴产业，力争在本地打造枢纽型企业。这意味着，在从前作为创新引擎的国家高新技术产业开发区，国家必将再一次发挥作为重大科技创新组织者的作用。而民营资本的补充作用体现在利用市场化资源助力产业链打造，实现以产业招商，适应产业关联发展的内在需要，从而实现区域内产业链上产业间的良性互动。

这给民营资本主导的城市产业运营商提供了新的发展空间，也带来了诸多挑战。它要求园区运营方具备产业资源调动能力，降低园区内产业链条上相关企业的投资经营成本，提高相关产业整体的竞争力和可持续发展能力，拓展区域内的产业发展空间，优化企业的发展环境。而产业园区的开发运营者一旦实现了这一点，那么它的角色就不只是房产商与工程承包方，而是立足于高端企业服务领域、进行产业培育的平台。

展望城市产业运营商的未来发展，它还有可能通过园区共建，成为区域协同发展和推进产业转移的重要合作路径，从而打破行政区划限制，促进区域间资源互补和优化配置。

以近年来快速崛起的中南高科为例，它定位为服务中国制造业的超级平台，旗下产业园区既分布于沿海成熟工业基地，也落子中部新兴崛起城市。截至 2021 年 2 月，它在全国 60 多个城市里有近百个园区正在建设与开发中。这种部署区域的梯级差异，意味着成熟地区的园区产业培育的经验可有效借鉴到工业待发展区域中。中南高科通过一线城市招商中心的布局及线上招商平台的打造，线上线下共同发力快速适配不同区域的优质企业资源，通过产业链招商、政企联动招商等形式，为地方政府实现产业发展的强链补链作用。与此同时，中南高科积极整合制造业中小企业的服务生态，整合实体企业、属地政府、多方资源形成有机互动的动态闭环，助力中国制造业产业转型升级，为国家振兴实体经济提供全新动能。

区域间的产业协作和区域内集群的生成，意味着制造业从一粒种子长成了一片森林。次发达区域与发达地区间的密集联系，使次发达区域便于承接自发达地区转移而来的制造业，从而在产业园区层面为实现中国制造的产业链和供应链安全稳定尽一份力。

对各类积极投身城市产业运营的民营主体而言，它们的理想角色是作为产业培育的系统方案提供者而存在，它们中的佼佼者有望因产业培育能力而跻身城市产业发展及产城竞争层面的基础设施。

园区在海外：输出中国的工业化经验

中国开始创办蛇口工业区及在沿海创办各类开发区后，开发区建设取得的成绩，展示了后发国家的政府通过制定产业政策引导产业发展路径的可行性，因而受到发展中国家的广泛关注。这是中国园区走出去的契机和背景。

天津开发区早期创业者回忆过一个场景。1994年，东欧某国家的高级代表团来参观开发区，听到开发区是依靠为数不多的国家贷款起步搞建设，在几年的时间里取得了不俗的成绩后，该代表团团长有礼貌地打断了中方的介绍，转而非常激动地向其代表团其他成员说："你们听到了吗？这样干才是有意义的，不是要政府给很多钱。"

这个小插曲可以反映出后发国家发展工业时共同的困境：缺乏资金和技术，可以凭借的资源非常短缺。中国的开发区起步起点低，获得的成绩举世瞩目，一波又一波的国外考察团纷纷前来中国，中国园区经济的海外关注度因此得到提升。

因而从20世纪90年代起，中国的园区经济发展经验成为当时中国与其他发展中国家之间互助合作内容的一部分，也成为中国开展国际援助的一种方式。典型案例有埃及向中国寻求工业化方案和园区建设经验，双方合建苏伊士自由开发区。1994年，埃及时任总统访问中国，震惊于中国的开发成绩，提出希望中国帮助埃及建开发区。1997年4月，两国正式签署中国帮助埃及建设苏伊士自由开发区的备忘录。1998年，天津开发区开始登上中埃合建经济区的历史舞台。国务院决定由天津泰达开发区代表中国承担帮助埃及建设苏伊士西北经济区的任务，这也是中国输出改革开放以来工业化经验的开始。

随着中国工业化水平的提升，中国企业的成长，以及资本的累积，海外园区又成了中国企业走出去的手段和工具。

政府层面出台了不少文件和措施，鼓励中国企业建设境外园区。2006年，商务部出台《境外中国经济贸易合作区的基本要求和申办程序》，鼓励扶持企业建设境外经济贸易合作区的工作。2008年，国务院发布《关于同意推进境外经济贸易合作区建设意见的批复》，商务部先后颁发了《境外经济贸易合作区确认考核暂行办法》和《境外经济贸易合作区确认考核和年度考核管理办法》。

"一带一路"倡议提出后，海外园区在沿线国家进入了快速发展阶段。据社科院学者叶尔肯·吾扎提统计，截至2016年年底，我国企业在36个国家在建海外园区77个，其中56个在"一带一路"沿线国家。这些园区吸引1082家企业入驻，累计投资185.5亿美元，总产值达到506.9亿美元。

据中国机电产品进出口商会统计，截至2019年11月，商务部统计的境外经贸合作区累计投资超过410亿美元，入区企业近5400家，上缴东道国税费43亿美元，为当地创造就业岗位近37万个。

中国企业通过进驻海外的中方园区，获得东道国的各类税收优惠，方便这些企业利用当地的生产要素，进入该国市场。民营资本正是看到了企业出海及部分环节转移的需求，积极在海外结合当地资源禀赋和需求，投资建设产业园区。通过在海外小范围内打造相对较完善的基础设施，争取更具吸引力的优惠政策和营商环境，提供更完善的要素配套服务，降低企业"走出去"门槛。

深圳综合开发研究院副院长曲建将中国企业不同阶段出海的目的总结为："2008年中国企业的需求是寻找更低的生产制造环节，2012年是为了开拓市场，2017年后出现了产业链的外移现象。"可见，海外园区成了中国企业为在全球发展而获取资源的一种工具，它是中国企业成长发展到一定阶段的结果。

除了民营资本自发的市场行为，政府推动和主导的海外园区则是中国工业化经验对外输出的载体。中国作为世界第一制造强国，也是能源和各种农产品、原料的进口大国。输出工业化方案和基础设施，既能促进与园区东道国的友好合作关系，又能保障自身的能源和原材料供给。

但也应该看到，中国企业和政府在海外投资园区时，也经常在当地政治经济稳定性、营商环境、产业配套等方面遭遇一系列挑战。企业走出去，也面临与东道国的磨合与冲突。

这些过程曾经发生在前来中国投资的外资企业身上，中国也将以新的身份体验这一过程。这是中国自身工业成长、跻身世界重要资本输出国的必经之路，也是中国走向世界所必须跨越的挑战。

回顾中国的园区经济发展历程，中国从引进海外先进工业发展经验、建设园区开始起步，经过几十年发展，已经能系统输出自己的工业化经验与方案，海外市场成了中国资本和生产力的角逐之地。这是一个循环，它浓缩了中国工业发展升级的历史。

而中国遭遇的重重挑战又像一个隐喻——从学习者到引领者，前方已是无人之境。

后记

10年来,我与我所在的蓝狮子财经出版团队,努力用文本的方式构筑中国商业文明的历史。我们调研超过 500 家行业头部企业,出版上千种财经图书,记录着中国经济"神经末梢"的跌宕,见证中国连续 10 年位列世界第一大工业国。

面对中国深厚的历史底蕴与这片辽阔的土地,我们着迷于摹画中国百年之大变局背后的工业化轮廓和脉络。显然凭借一己之力,难以短期内达成所愿,好在一些产业有识之士能够看到出版的价值,给予了帮助。

2019 年我们和汽车之家合作,出版了《大国出行:汽车里的城市战争》一书,试图通过叙述中国汽车城的变迁与产业竞合,去理解"为什么有竞争力的产业会出现在某区域"的命题。

在 2020 年这个不平常的年份里,策划《中国基本盘》这本书,继续探寻百年变局里中国工业化与城市化大交融的复式文脉，理解中国制造从 0 到 1、又从 1 到 n 的跃迁图景，为当下面临极大挑战的中国制造鼓与呼。这一念想，也是自己 10 年出版生涯的一次盘点、一次版本升级。当我将所念告知中南高科集团的领导者时，这家有志于打造中国制造业超级服务平台的园区运营商一口应允，支持了这个需要"结硬寨、打呆仗"的出版计划。

百年激荡，蹒跚其行。站在 2020 年的时间坐标上，已经没有人怀疑中国的工业化能力。但由于种种原因，人们对这种能力无法建立起整体性、趋势性的认知，需要有人不断理清中国制造业的过去与未来的链路。这并不是一件轻松的事。正如我和海康威视的管理者交流时，感叹中国制造业的超级"碎片化"导致了工业互联网的实施难度。"碎片化"，正是中国工业化百年历程难以精准描摹的现状。

"我们来做一次拼图吧！"当我对创作研究员徐鑫讲出这句话时，她的眼睛闪亮了起来。勤奋的徐鑫在我布置课题后的一个月里，把自己关在办公室旁边的浙江图书馆里，检索翻阅了 500 多万字的文字资料，才与我展开了具体的讨论。我欣赏这份专注的力量，但在几个月内创作一本财经议题相对复杂的书稿，需要再增强创作研究力量。

蓝狮子创始人、财经作家吴晓波老师给出建议：你需要找一个智库。这是一个增量思维。时间的力量是出版最迷人的地方，蓝狮子企业研究院过去 10 年创作出版的，大多数是 500 强企业案例图书，在这一细分领域的持续耕耘，使得量和质开始发生奇妙的转换。蓝狮子一方面有意识地构建一套中国企业案例书库，成为中国最具影响力的企业史专家；另一方面，不自觉地升级为智库型的财经内容服务商，很多出版物具有了填补行业空白的价值。要成为智库型财经内容服务商，就需要更多优秀的产业研究者的共同参与。

本书创作中，研究团队吸纳了特约研究员程承、徐一斐、余骏扬，以及特约专业媒体智库《城市中国》的作者袁菁、王周杨的智力成果。几位同仁都是颇有见地的观察者，在工业化或城市化领域有着 10 年以上的产业研究经验，本书一些篇章录用了他们的内容。另外，策划编辑王雪娇、朱晨芸和宋甜甜、项侃，她们也是这场"拼图"游戏的最佳搭档。通过一本书的创作，我们收获了一次对中国工业化崛起道路的纵深理解，初步形成了一个关切中国工业化与城市化的智库团队。

工业化道路是中国所经历的"艰难的辉煌"。大分流时代，人们面临的是一幅极具变化的、结构性、巨大的迁徙场景，无论站在任何单一视角上，都难以捕捉清晰。因此，我们以中国为方法，关注不同时代的中国基本问题，采用我们擅长的案例方式，作为打开迷雾的一把钥匙。透过表象与真相，我们会惊叹中国工业化崛起中的多样性与种种的不完美，以及两者所浇铸出的顽强生命力。

创作临近尾声，刚好跨过一言难尽的 2020 年。丘吉尔的名言"永远不要浪费一场危机"警示着我们，从个人到国家，要勇于突围，不要陷入内卷化的深渊。在 1840 年以来的工业化历程中去寻找双循环下的经济新空间，我们可以发现，中国工业史，本是一部中国人不断地突围内卷、敢于闯与创、寻找发展新空间的历史。当然，由于疫情的原因，很遗憾田野调查还不够多，加之参考数据有限，某些观点只是基于以往经验讨论与思考的结果，希望更微观的、更鲜活的实证观察在下一本书里能做得更好。

值得一提的是，本书与中南高科的结缘，促成吴晓波老师旗下的890新商学与中南高科合作，发起成立中德制造业大学。正如执行校长刘全伟老师讲的，这是一件能提升中小制造企业竞争力的大好事。接下来，我们几家机构会携手继续"中国基本盘"的探索之旅，去理解这个波谲云诡的时代，理解这个顽强而伟大的国家，寻找通往未来的道路。

感谢您的阅读！

何丹

2021 年 1 月 19 日

参考文献

01

1. 严鹏. 简明中国工业史 [M]. 北京：电子工业出版社，2018.
2. 常宗虎. 南通现代化：1895—1938[M]. 北京：中国社会科学出版社，1998.
3. 戴鞍钢. 江浙沪近代经济地理 [M]. 上海：华东师范大学出版社，2013.
4. 汪敬虞. 中国资本主义现代企业产生过程中的若干特点 [J]. 中国经济史研究，2000（4）：3-11.
5. 伍贻业. 张謇与南通"近代化"模式 [J]. 历史研究，1989（2）.
6. 谢放. 抗战前中国城市工业布局的初步考察 [J]. 中国经济史研究，1998（3）：96-105.
7. 林刚. 1928～1937 年间民族棉纺织工业的运行状况和特征 [J]. 中国经济史研究，2003（4）：15-26.
8. 朱荫贵. 从大生纱厂看中国早期股份制企业的特点 [J]. 中国经济史研究，2001（3）：49-59.
9. 陈金屏. 近代南通城市的历史演进 [J]. 南通师范学院学报，2003（3）：59-65.
10. 曹幸穗. 旧中国苏南农村工副业及其在农家经济中的地位 [J]. 中国经济史研究，1991（3）：69-88.

11. 章开沅. 对外经济关系与大生资本集团的兴衰[J]. 历史研究，1985（5）：49-64.

12. 林刚. 试论大生纱厂的市场基础[J]. 历史研究，1985（4）：180-192.

13. 汪敬虞. 中国近代经济史中心线索问题的再思考[J]. 历史研究，1990（2）：1-13.

14. 章开沅. 张謇与中国近代化[J]. 华中师范大学学报（人文社会科学版），1987（4）：1-9.

15. 季小立，宗蕴璋. 苏南模式城市化及其演进[J]. 理论与现代化，2004（6）：10-15.

16. 洪银兴，陈宝敏. 苏南模式的新发展[J]. 宏观经济研究，2001（7）：29-34.

17. 董晓宇. "苏南模式"的理论和实践30年回顾[J]. 现代经济探讨，2008（8）：19-24.

02

1. 中共大庆市委党史研究室. 大庆油田史[M]. 北京：中共党史出版社，2009.

2. 大庆油田有限责任公司. 大庆油田五十年文史资料汇编（第二卷）[M]. 北京：石油工业出版社，2009.

3. 刘莉. 大庆往事[M]. 北京：中国工人出版社，2008.

4. 侯丽. 在大庆的那些年——查滨华、杨瑞松访谈[J]. 城市规划学刊，2013（6）.

5. 姜长青. 新中国设置特区的历史考察 [EB/OL]（2011-08-18）. http://www.cssn.cn/sf/bwsf_jj/201310/t20131022_447539.shtml.

6. 刘烨. 专访侯丽 大庆油田的设计革命：共和国革命与建设之张力 [EB/OL]（2018-11-16）.https://www.thepaper.cn/newsDetail_forward_2624131.

7. 侯丽, 沈健文. 侯丽：石油和我们的生活史 [EB/OL]（2018-07-09）. https://baijiahao.baidu.com/s?id=1605486864644767268&wfr=spider&for=pc.

8.《中国国家人文地理》丛书编委会. 国家人文地理：大庆 [M]. 北京：中国地图出版社，2016.

03

1. 中国科学院地理研究所. 世界钢铁工业地理 [M]. 北京：冶金工业出版社，1989.

2. 任静波. 中国钢铁大趋势 [M]. 北京：经济日报出版社，2009.

3. 刘茂才，薛世成. 攀钢——中国钢铁的骄傲 [M]. 重庆：重庆出版社，1994.

4. 李曙新. 三线建设的均衡与效益问题辨析 [J]. 中国经济史研究，1999（4）：110-119.

5. 段娟，郑有贵，陈东林. 历史与现实结合视角的三线建设评价：基于四川、重庆三线建设的调研 [J]. 中国经济史研究，2012（3）：120-127.

6. 周鸣长. 三线建设与中国内地城市发展（1964～1980年）[J]. 中国经济史研究，2014（1）：142-151.

7. 单琳，胡小平 (摄影). 年年相见 攀枝花观苏铁 [J]. 中国国家地理，2006（B04）:22-23.

8. 袁菁. 铸钢作城 [J]. 城市中国，2013（59）：54-61.

04

1. 中共中央办公厅 国务院办公厅印发《深圳建设中国特色社会主义先行示范区综合改革试点实施方案（2020—2025 年）》[EB/OL]（2020-10-11）.http://www.gov.cn/xinwen/2020-10/11/content_5550408.htm.
2. 国家开发银行（丝绸之路经济带的战略性项目实施策略研究——重点国家的战略评估与政策建议课题组）. 日本助推"雁阵模式"的主要做法与启示 [J]. 国际研究参考，2017，351（04）:27-32.
3. 中金公司. 变革中的中国系列之一：腾笼换鸟，深圳引领创新大潮 [EB/OL]（2015-05-13）. https://max.book118.com/html/2018/0414/161553023.shtm.
4. 郑有贵. 由承接国际产业转移向自主创新发展的突围 [J]. 中国经济史研究，2017（5）：173-180.
5. 吴敬琏. 当代中国经济改革教程 [M]. 上海：上海远东出版社，2016.
6. 傅高义. 邓小平时代 [M]. 北京：生活·读书·新知三联书店，2013.
7. 亚当·斯密. 国富论 [M]. 北京：中央编译出版社，2010.
8. 施展. 枢纽 [M]. 桂林：广西师范大学出版社，2018.
9. 施展. 溢出 [M]. 北京：中信出版集团，2020.
10. 吴晓波. 激荡三十年 [M]. 北京：中信出版集团，2017.
11. 张殿文. 虎与狐 [M]. 汕头：汕头大学出版社，2005.
12. 徐明天. 郭台铭与富士康 [M]. 北京：中信出版集团，2007.

05

1. 史晋川. 浙江的现代化进程与发展模式 [J]. 浙江社会科学，1999（3）：14–18.
2. 史晋川，朱康对. 温州模式研究：回顾与展望 [J]. 浙江社会科学，2002（3）：3–15.
3. 施端宁，陈乃车. 制度创新与区域经济发展：温州模式和苏南模式的比较分析 [J]. 江西社会科学，2000（9）：88–90.
4. 谢健. 区域经济国际化：珠三角模式、苏南模式、温州模式的比较 [J]. 经济理论与经济管理，2006（10）：47–51.
5. 李敏. 转型中的浙南经济 [N]. 中国信息报，2016-9-5.
6. 赵伟. 倒逼的逻辑：浙江模式再审视 [J]. 治理研究，2019（6）：66–77.
7. 吴铜虎，何鑫. 温州民营企业家生存困境及其出路探究 [J]. 中外企业家，2015（3）：247–249.
8. 陈周锡. 温州预警：产业空心化 [J]. 企业界，2010（8）：33–35.

06

1. Kenney. Z，贾开. 平台经济的崛起 [J]. 经济导刊，2016（6）：64–69.
2. 徐晋. 平台经济学 [M]. 上海：上海交通大学出版社.2007
3. 赵伟. 倒逼的逻辑：浙江模式再审视 [J]. 治理研究，2019，035（6）：66–77.

4. 赵燕菁. 平台经济与社会主义：兼论蚂蚁集团事件的本质 [EB/OL]（2020-12-31）. https://www.guancha.cn/zhaoyanjing/2020_12_31_576335.shtml.

5. 吴晓波. 腾讯传 [M]. 杭州：浙江大学出版社，2017.

6. 陶娟. 收割者：腾讯阿里的 20 万亿生态圈 [EB/OL]（2020-11-10）. https://mp.weixin.qq.com/s/qt23PjHu_YmqjisjKowl0w

7. 赫德里克·史密斯. 谁偷走了美国梦：从中产到新穷人 [M]. 北京：新星出版社，2018.

8. 杨璐. 探访超级工厂 [J]. 三联生活周刊，2020（11）：32-45.

07

1. 王夙，王星，庄宇，等. 从"自行车小镇"困境看产业型特色小镇如何健康存续 [J]. 科技中国，2019，000（005）：87-88.

2. 江波. 从"自行车王国"到"共享单车王国" [N]. 新京报，2018-5-18

3. 中国共享经济发展年度报告（2018）[R]. 国家信息中心分享经济研究中心中国互联网协会分享经济工作委员会，2018-2

4. 商务部驻天津特派员办事处. 关于天津自行车行业状况及其外贸形势的报告 [EB/OL] 2016-07-01. http://tjtb.mofcom.gov.cn/article/zhuantdy/201609/20160901384593.shtml

5. 张涛. 王庆坨突围："中国自行车第一镇"遇上共享单车春天 [N]. 南方周末，2017-5-31

6. 王伟凯，王海云. 王庆坨镇的一年：共享单车"轮回" [N]. 南方周末，2017-12-28

7. 中国共享单车行业研究报告 [R]. 艾瑞咨询，2017

8. 中国网中国国情. 自行车在中国的"发展史"[EB/OL]（2017-02-20）. https://mp.weixin.qq.com/s/Sw3N6_XsPlvuO8DFOcqtKQ

9. 闫浩. 共享单车，真假风口的幕后战事｜36氪年度特写 [EB/OL]（2016-12-23）.https://36kr.com/p/1721302024193

10. 罗若愚. 产业集群与传统制造业竞争力提升——以天津自行车产业为例 [J]. 地域研究与开发，2006（5）：50-54.

11. 谢思全. 制度创新与产业发展——天津自行车产业发展的案例研究 [J]. 理论与现代化，2003（6）：58-61.

12. 金协. 从"王庆坨现象"的变化看天津自行车产业的振兴 [J]. 电动自行车，2012（5）：11-12.

13. De Vann Sago. Bike Sharing in China—From Bicycle Graveyards to a Regulated Industry [J]. *Georgetown Environmental Law Review*，2020-4-29.

14. Bike Sharing 5.0 Market insights and outlook [R]. Roland Berger, 2018-8

15. Charlie Campbell.The Trouble with Sharing: China's Bike Fever Has Reached Saturation Point[N].Time Magazine, 2018-4-2

16. Brook Larmer.China's Revealing Spin on the 'Sharing Economy'[N].The New York Times, 2017-11-20

17. Ben Bland.China's Bicycle-sharing Boom Poses Hazards for Manufacturers[N].Financial Times, 2017-5-4

08

1. 郭斌. 大国智造 [M]. 北京：中国友谊出版公司 .2020
2. 仇勇. 叩开宝洁之门 [M]. 北京：中国方正出版社 .2004
3. 北京大学汇丰商学院跨国公司研究项目组. 与中国一起成长：宝洁公司在华 20 年 [M]. 北京：北京大学出版社 .2009
4. 郭苏妍. 宝洁系对中国商业社会意味着什么？[EB/OL]（2018-07-19）. https://www.cbnweek.com/articles/magazine/21694
5. 訾猛，张睿. 人口结构与消费习惯变迁报告 [R]. 国泰君安证券 .2018-11

09

1. 黄仁宇. 明代的漕运 [M]. 北京：九州出版社，2007.
2. 李训，黄森等. 中欧班列沿线国家研究报告（2019）[M]. 北京：社会科学文献出版社，2019.
3. 世界银行. 2009 年世界发展报告——重塑经济地理 [R]. 世界银行，2009.
4. 单靖，张乔楠. 中欧班列：全球供应链变革的试验场 [M]. 北京：中信出版集团，2019.
5. 高柏，甄志宏. 中欧班列：国家建设与市场建设 [M]. 北京：社会科学文献出版社，2017.
6. 施展. 枢纽：3000 年的中国 [M]. 桂林：广西师范大学出版社，2018.
7. 邢淑芳. 古代运河与临清经济 [J]. 聊城师范学院学报，1994（2）：68-75.

8. 王明德. 大运河与中国古代运河城市的双向互动 [J]. 求索. 2009（2）：203–206.

9. 张晓东. 隋朝的漕运系统与政治经济地理格局 [J]. 中国社会经济史研究，2012（3）：1–9.

10. 许檀. 清代前期流通格局的变化 [J]. 清史研究，1999（3）：1–13.

11. 许檀. 明清时期城乡市场网络体系的形成及意义 [J]. 中国社会科学，2000（3）：191–202.

12. 詹姆斯·费尔格里夫. 地理与世界霸权 [M]. 杭州：浙江人民出版社，2016.

13. 刘亮，张桂林. 打通欧亚铁路大通道 [EB/OL]（2011–11–14）. https://finance.huanqiu.com/article/9CaKrnJt6fF

10

1. 阿铭. 产能过剩：中国经济的潜在威胁 [J]. 中国国情国力，2004（7）:10–12.

2. 联合国开发计划署. 中国人类发展报告特别版 [R]. 联合国开发计划署. 2019

3. 王建. 王建谈走国际大循环经济发展战略的可能性及其要求 [J]. 农垦经济研究. 1988（2）：35–38.

4. 黄奇帆. 新基建实际上就是第4次工业革命，将产生几十家万亿级企业 [Z]. 2020 中国未来独角兽高峰论坛演讲，2020–11–13.

5. 黄奇帆. 黄奇帆：新时代国际贸易新格局、新趋势与中国的应对 [EB/OL]（2019-10-09）. https://mp.weixin.qq.com/s?__biz=MzA3MjI4ODAzOQ==&mid=2653467415&idx=1&sn=ddd5b4892dd83078e0d61860fd82c1f4&chksm=84fc815fb38b0849638d55fbdc741ab138930cb75e8ccfad3104a1febb7640fa226dfa319b54&scene=0&xtrack=1&key=3c308ed20d5d305453061cc029a3a6b8d1a0edbd752441be8b4198ce8544821d73a396743ed59dbe72fa20e2d0e53038c5227177f7168c111fdae005ac5950a46a7f2a0765f53b33e75f4162bb36eff8&ascene=1&uin=MTM3NDI0NTk2MQ%3D%3D&devicetype=Windows+10&version=62070141&lang=zh_CN&pass_ticket=aoQlNACQAmeQ9pq7QHom4fcenWZTf321zE%2F2IgDh05gV%2FCFkoHpPb5Xy6LLZhlbo

6. 盛斌，魏方. 新中国对外贸易发展 70 年：回顾与展望 [J]. 财贸经济，2019，40（10）：36-51.

7. 德勤. 中国制造业重建比较优势——对话霍尼韦尔 [R]. 德勤新视界，2017-3.

8. 麦肯锡全球研究院. 变革中的全球化：贸易与价值链的未来图景 [R]. 麦肯锡全球研究院，2019-4.

9. 孙久文，张翺. 论区域协调发展视角下"行政区经济"的演变 [J]. 区域经济评论，2020（06）：31-35.

10. 郭斌. 大国制造：中国制造的基因优势与未来变革 [M]. 北京：中国友谊出版公司，2020.

11. 黄奇帆. 分析与思考: 黄奇帆的复旦经济课[M]. 上海: 上海人民出版社, 2020.

12. 金碚. 中国工业进程 40 年 [M]. 北京：机械工业出版社，2019.

13. 严鹏. 简明中国工业史 [M]. 北京：电子工业出版社，2018.
14. 施展. 溢出：中国制造未来史 [M]. 北京：中信出版集团，2019.
15. 黄群慧. 中国工业化进程与产业政策 [J]. 中国经济报告，2019（1）：49–54.

11

1. 皮黔生. 走出孤岛：中国经济技术开发区概论 [M]. 北京：生活·读书·新知三联书店，2004
2. 王辑慈等. 超越集群 [M]. 北京：科学出版社，2010
3. 王辑慈，王敬甯. 中国产业集群研究中心的概念性问题 [J]. 世界地理研究，2007，16（4）：89–97.
4. 张晓平. 我国经济技术开发区的发展特征及动力机制 [J]. 地理研究，2002，21（5）：656–666.
5. 刘勇. 产业新城：县域经济转型发展的新探索 [J]. 区域经济评论，2014（6）：118–123.
6. 焦永利，于洋. 城市作为一类"特殊产品"的供给模型及其合约结构改进——产业新城开发模式研究 [J]. 城市经济，2018，25（11）：110–117.
7. 魏威. 我国工业园区发展障碍及对策研究 [J]. 科技管理研究，2011（3）：46–48.
8. 叶尔肯·吾扎提，张薇，刘志高. 我国在"一带一路"沿线海外园区建设模式研究 [Z]. 中国科学院院刊，2017，32（4）：355–362.
9. 亿翰智库.2018 中国标杆产城运营商 TOP50 研究报告 [R]. 2018

10. 中商产业研究院.2018 中国产业地产行业市场前景研究报告 [R]. 2018

11. 头豹研究院.2019 年中国产业园行业综述 [R]. 2019